汽车故障诊断快速入门一本通

刘世斌　胡斯明　主编

化学工业出版社

·北京·

内容简介

《汽车故障诊断快速入门一本通》主要针对汽车维修入门人员，以"用图说话"的方式，同时配以浅显易懂的文字进行讲解。从了解汽车故障诊断知识讲起，然后走进车间接触汽车故障诊断作业，再到留在车间学习汽车故障诊断的技术，最后扎根车间成就"汽修工匠"，循序渐进地引导读者快速入门。

对于较复杂的实操技术，还专门配备了"微视频讲解"，扫描书中相应章节的二维码，即可同步、实时观看视频。视频资源与图文内容相互衔接、互为补充，有利于读者快速理解和高效掌握所学知识点。

本书适合汽车维修技术人员入门与提高故障诊断技能使用，也可作为职业技术院校汽车维修相关专业以及各类汽车维修培训机构的教学参考用书。

图书在版编目（CIP）数据

汽车故障诊断快速入门一本通 / 刘世斌，胡斯明主编. —北京：化学工业出版社，2022.12
ISBN 978-7-122-42283-5

Ⅰ.①汽… Ⅱ.①刘…②胡… Ⅲ.①汽车-故障诊断 Ⅳ.①U472.42

中国版本图书馆 CIP 数据核字（2022）第 181366 号

责任编辑：黄 滢　张燕文　　　　　　装帧设计：王晓宇
责任校对：王鹏飞

出版发行：化学工业出版社（北京市东城区青年湖南街13号　邮政编码100011）
印　　刷：三河市航远印刷有限公司
装　　订：三河市宇新装订厂
710mm×1000mm　1/16　印张15¾　字数315千字　2023年4月北京第1版第1次印刷

购书咨询：010-64518888　　　　　　　售后服务：010-64518899
网　　址：http://www.cip.com.cn
凡购买本书，如有缺损质量问题，本社销售中心负责调换。

定　价：79.80元　　　　　　　　　　　　　　　版权所有　违者必究

前言

PREFACE

本书主要针对零起点入门读者,介绍汽车故障诊断的相关知识和技能。

全书按照"走进车间—留在车间—扎根车间—不断充电"的顺序,循序渐进地进行介绍:从了解汽车故障诊断知识,到学习汽车故障诊断技术,最后成就"汽修工匠",手把手、一步步地引导读者快速入门。

本书内容主要以汽车故障诊断设备、传统燃油汽车故障诊断、新能源汽车故障诊断、智能网联汽车故障诊断为重点进行解说,涵盖电控汽油发动机、电控汽油喷射系统、汽车变速器、汽车电路、点火系统、空调系统、车载网络系统、动力电池系统、电力驱动系统、充电系统等的故障诊断技术。全书主要以"用图说话"的方式,采用大量精美的图片,同时配以浅显易懂、形象生动的文字进行讲解,力求做到以"图"代"解"、以"解"说"图",即使没有学过汽车维修的人员也能看懂。

对于较复杂的实操内容,书中还专门配备了"微视频讲解",扫描书中相应章节的二维码,即可同步、实时观看视频。视频资源与图文内容相互衔接、互为补充,有利于读者快速理解和高效掌握所学知识点。

本书由汽车维修行业具有多年维修经验的专家团队编写而成,刘世斌、胡斯明任主编,郭建英、潘婷婷参编。编写过程中参考了部分技术文献、图书、多媒体资料及原车维修手册,同时也汇集了众多业内维修高手的经验,在此一并表示衷心的感谢!

由于笔者水平有限,书中不妥之处在所难免,敬请广大读者批评指正。

编者

第一章
熟悉汽车故障诊断知识——造就"汽修工匠"

第一节　汽车故障诊断基础知识　/1
　　一、汽车故障的定义及分类　/1
　　二、汽车故障的成因及症状　/2
　　三、汽车故障诊断技术　/2

第二节　汽车故障诊断要点及原则　/3
　　一、汽车故障诊断的要点　/3
　　二、汽车故障诊断的原则　/3

第三节　汽车故障诊断常用方法　/3
　　一、人工经验诊断法　/3
　　二、现代仪器设备诊断法　/4
　　三、汽车故障自诊断法　/4
　　四、模拟故障诊断法　/5

第四节　汽车故障诊断流程　/6

第五节　汽车故障诊断基本技能　/8
　　一、诊断性提问　/8
　　二、再现症状　/11
　　三、判断症状是否为故障　/12
　　四、故障排除　/12

第二章
走进车间——汽车故障诊断前期准备

第一节　汽车故障诊断的检测设备　/14
第二节　汽车故障诊断常用的工量具　/16

第三章
留在车间——学习汽车故障诊断技术

第一节　汽车电路基础知识　/ 18
　　一、汽车电路基本元器件　/ 18　　　二、汽车电路识图基础　/ 22
　　三、汽车电路检修基础　/ 30　　　　四、汽车电路零件检测　/ 33
　　五、汽车电路常用检测方法　/ 35

第二节　电控汽油发动机故障诊断　/ 41
　　一、传感器故障诊断　/ 41　　　　　二、执行器故障诊断　/ 70
　　三、控制单元故障诊断　/ 79

第三节　电控汽油喷射系统故障诊断　/ 81
　　一、喷油器故障诊断　/ 81　　　　　二、燃油泵故障诊断　/ 82
　　三、燃油泵控制电子装置故障诊断　/ 84　四、油轨压力传感器故障诊断　/ 85
　　五、高压燃油泵故障诊断　/ 87

第四节　发动机机械故障诊断　/ 88
　　一、配气机构故障诊断　/ 88　　　　二、曲柄连杆机构故障诊断　/ 95
　　三、润滑系统故障诊断　/ 104　　　　四、冷却系统故障诊断　/ 106

第五节　发动机点火系统与启动系统故障诊断　/ 111
　　一、点火系统故障诊断　/ 111　　　　二、启动系统故障诊断　/ 115

第六节　柴油机供给系统故障诊断　/ 118
　　一、柴油机供给系统常见故障与排除　/ 118　二、柴油机供给系统的检查与调整　/ 121

第四章
扎根车间——成就"汽修工匠"

第一节　汽车车身电器系统故障诊断　/ 124
　　一、汽车照明/信号系统故障诊断　/ 124　二、汽车仪表故障诊断　/ 132
　　三、汽车防盗/报警装置故障
　　　　诊断　/ 137　　　　　　　　　　四、汽车电动刮水器及清洗装置故障
　　　　　　　　　　　　　　　　　　　　　诊断　/ 146
　　五、汽车电动门窗、中央门锁及电动
　　　　后视镜故障诊断　/ 151　　　　　六、汽车轮胎气压传感系统
　　　　　　　　　　　　　　　　　　　　　故障诊断　/ 163
　　七、汽车电动座椅故障诊断　/ 164

第二节　汽车空调系统故障诊断 / 169
　　一、检查制冷剂 / 169
　　二、压力表快速判断故障 / 170
　　三、空调制冷系统控制电路故障诊断 / 175
　　四、伺服电动机故障诊断 / 182
　　五、冷凝器故障诊断 / 183
　　六、压缩机故障诊断 / 183

第三节　汽车车载网络故障诊断 / 184
　　一、总线对正极短路故障诊断 / 184
　　二、总线对负极短路故障诊断 / 184
　　三、ECM 通信停止故障诊断 / 187
　　四、组合仪表 ECU 通信停止故障诊断 / 187
　　五、中央空气囊传感器通信停止故障诊断 / 187
　　六、驾驶员侧车门 ECU 通信停止故障诊断 / 188
　　七、转向锁 ECU 没有响应故障诊断 / 189
　　八、与电源控制失去通信故障诊断 / 189
　　九、LIN 通信总线故障诊断 / 190

第四节　汽车手动变速器故障诊断 / 192
　　一、手动变速器常见故障 / 192
　　二、手动变速器的检查 / 195

第五节　汽车自动变速器故障诊断 / 199
　　一、自动变速器常见故障 / 199
　　二、自动变速器挡位动态测试 / 203
　　三、自动变速器机械系统测试 / 206
　　四、自动变速器液压测试 / 208

第五章
不断"充电"——巩固汽车故障诊断技能

第一节　新能源纯电动汽车故障诊断 / 210
　　一、动力电池系统故障诊断 / 210
　　二、电力驱动系统故障诊断 / 213
　　三、充电系统故障诊断 / 215

第二节　新能源油电混合动力汽车故障诊断 / 217
　　一、高压电控系统故障诊断 / 217
　　二、动力电池系统故障诊断 / 223
　　三、电力驱动系统故障诊断 / 230

第三节　新能源汽车电动空调故障诊断 / 235
第四节　智能网联汽车故障诊断 / 238

参考文献

本书配套视频清单

序号	配套视频名称		二维码页码
1	更换蓄电池		19
2	继电器检查		33
3	检测增压压力传感器及其线路和电压	3.1 检测增压压力传感器	42
		3.2 检测增压压力传感器线路	
		3.3 检测增压压力传感器电压	
4	拆装、检测凸轮轴位置传感器及其线路和电压	4.1 拆装凸轮轴位置传感器	44
		4.2 检测进气凸轮轴位置传感器线路	
		4.3 检测进气凸轮轴位置传感器电压	
		4.4 检测排气凸轮轴位置传感器线路	
		4.5 检测排气凸轮轴位置传感器电压	
5	检测冷却液温度传感器线路和电压	5.1 检测冷却液温度传感器线路	48
		5.2 检测冷却液温度传感器电压	
6	进气歧管压力传感器及其线路和电压检测	6.1 进气歧管压力传感器检测	52
		6.2 进气歧管压力传感器线路检测	
		6.3 进气歧管压力传感器电压检测	
7	拆装、检测爆震传感器及其线路和电压	7.1 拆卸爆震传感器	56
		7.2 爆震传感器检测	
		7.3 爆震传感器线路检测	
		7.4 爆震传感器电压检测	
8	检查氧传感器及其线路和电压	8.1 检查氧传感器	61
		8.2 检测氧传感器线路	
		8.3 检测氧传感器电压	
9	检测节气门总成及其线路和电压	9.1 检测节气门总成	63
		9.2 检测节气门线路	
		9.3 检测节气门电压	
10	拆装机油压力传感器		66

续表

序号	配套视频名称		二维码页码
11	检测喷油时间和喷油器线路、电压、波形	11.1 检测喷油时间	82
		11.2 检测喷油器线路	
		11.3 检测喷油器电压	
		11.4 检测喷油器波形	
12	检测汽油泵及其工作情况和控制电路	12.1 检测汽油泵	83
		12.2 检测汽油泵工作情况	
		12.3 检测汽油泵控制电路	
13	检测燃油压力和检测燃油压力传感器线路、电压、波形	13.1 检测燃油压力	85
		13.2 检测燃油压力传感器线路	
		13.3 检测燃油压力传感器电压	
		13.4 检测燃油压力传感器波形	
14	气缸盖、气缸垫拆卸与安装		89
15	凸轮轴拆卸和安装		90
16	检查和更换火花塞	16.1 检查火花塞	113
		16.2 更换火花塞	
17	更换起动机		117
18	大灯、组合大灯及开关的检查和校正	18.1 大灯检查及校正	124
		18.2 组合大灯及开关检查	
19	仪表的拆卸和安装		132
20	雨刮臂的拆卸和安装		146
21	拆卸和安装车门模块		151
22	更换后视镜		161
23	添加制冷剂		169
24	检查冷凝器和风扇		183
25	拆卸和安装动力电池总成	25.1 拆卸动力电池总成	211
		25.2 安装动力电池总成	
26	检测便携式充电桩和预充电阻	26.1 检测便携式充电桩	215
		26.2 预充电阻检测	
27	检查混合动力蓄电池		224

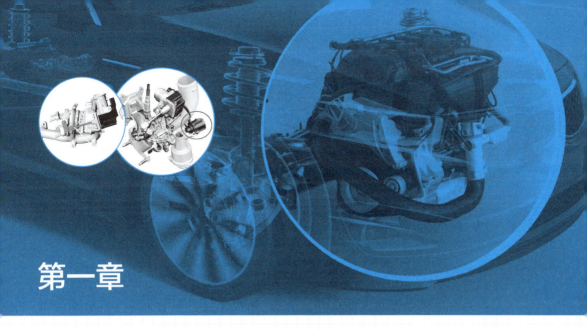

第一章

熟悉汽车故障诊断知识——造就"汽修工匠"

第一节 汽车故障诊断基础知识

一、汽车故障的定义及分类

汽车故障是指汽车部分或完全丧失工作能力的现象,其实质是汽车零件本身或零件之间的配合状态发生了异常变化。汽车故障的分类方法如下。

1. 按丧失工作能力的程度分

(1) 局部故障 是指汽车部分丧失了工作能力,降低了使用性能的故障。
(2) 完全故障 是指汽车完全丧失工作能力,不能行驶的故障。

2. 按发生的后果分

(1) 一般故障 是指汽车运行中能及时排除的故障或不能排除的局部故障。
(2) 严重故障 是指汽车运行中无法排除的完全故障。
(3) 致命故障 是指导致汽车造成重大损坏的故障。

二、汽车故障的成因及症状

汽车故障的成因主要有自然因素和人为因素。

（1）自然因素　是指在正常使用和维护条件下，由于不可抗拒的原因而形成的故障。

（2）人为因素　是指由于人的行为不慎而造成的故障。

❶ 汽车设计制造上的因素。

❷ 维修配件质量的因素。

❸ 燃料、润滑油选用的因素。

❹ 管理方面的问题。

汽车故障的症状也称故障现象，是故障的具体表现。汽车故障的症状主要有工况突变、过热现象、声响异常、排烟颜色不正常、失控或震抖、渗漏现象、燃料及润滑油消耗异常、有特殊气味、汽车外观异常。

三、汽车故障诊断技术

汽车故障诊断技术是指在整车不解体情况下，确定汽车的技术状况，查明故障原因和故障部位的汽车应用技术（图 1-1-1）。

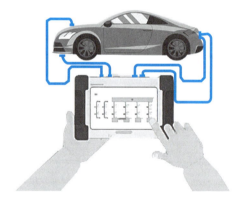

图 1-1-1　汽车故障诊断

汽车是一个复杂的技术系统，是许多总成、机构和元件的有序构成。在使用过程中，由于某一种或几种原因的影响，其技术状况将随行驶里程的增加而变化，其动力性、经济性、可靠性、安全性将逐渐或迅速下降，排气污染和噪声加剧，故障率增加，这不仅对汽车的运行安全、运行消耗、运输效率、运输成本及环境造成极大的影响，甚至还直接影响到汽车的使用寿命，因此研究汽车故障的变化规律，定期检测汽车的使用性能，及时而准确地找出故障部位并排除故障，就成为汽车使用技术的一项重要内容。

第二节　汽车故障诊断要点及原则

一、汽车故障诊断的要点

进行故障诊断时，确定故障症状是非常重的。确定推测的故障原因以便找出真正的故障原因。为了准确快速地进行故障诊断，必须进行系统性的操作（图 1-2-1）。

图 1-2-1　汽车故障诊断要点

二、汽车故障诊断的原则

汽车故障诊断要从故障症状出发，通过问诊试车、分析研究、推理假设、流程设计、测试确认、修复验证，最后达到发现故障原因的目的。

一般应遵循由表及里、由简到繁、由浅入深、先易后难、先小（工程）后大（工程）的顺序，按系统、部位分段检查，逐步缩小范围的原则进行。

第三节　汽车故障诊断常用方法

汽车故障诊断时常用的方法主要有人工经验诊断法、现代仪器设备诊断法、汽车故障自诊断法和模拟故障诊断法。

一、人工经验诊断法

人工经验诊断法是指诊断人员凭丰富的实践经验和一定的理论知识，在汽车不解体的情况下，靠直接观察、感觉或采用简单工具，通过静态或动态检测，进而对汽车的故障部位和产生的原因做出判断的方法。这种方法不需要专用仪器、设备，其准确性取决于诊断人员的技术水平，较适于对比较常见和明显的机械性故障进行"定性诊断"。具体诊断方法包括问、看、听、嗅、摸、试。

（1）问　调查，询问驾驶员车辆行驶里程、经常运行的条件、维护情况、车辆技术状况、故障产生的时间和具体症状、在什么地方维修过（防止产生人为故障），这对准确诊断分析故障有很重要的参考价值。

（2）看　查看发动机工作状况，如排气颜色、机油颜色及液面和消耗量是否正常、排气管颜色以及各部件是否漏油，然后再综合进行判断。

（3）听　仔细倾听发动机各部件的工作响声，并和正常响声比较，分析判断出哪些部位响声异常，异响是发生故障和产生事故的前兆。

（4）嗅　汽车发动机正常工作时应无异味产生，若嗅到有较浓汽油或柴油味而且有辣眼睛的感觉、橡胶烤焦味、烧摩擦片味等，表示有故障，必须仔细检查有关部位。

（5）摸　用手触摸有关部位的温度和振动情况，轻拉电控系统的接口连接线，检查是否松动、锈蚀等，进而可以判断相应部件工作是否正常。

（6）试　通过试车，对汽车发动机、底盘的技术状况（如各缸工作是否均匀，高速工作是否间断和振动，急加速与急减速过渡是否平滑稳定，是否有爆燃敲缸现象等）进行检测。

二、现代仪器设备诊断法

汽车故障的现代仪器设备诊断法是指在汽车不解体的情况下，利用诊断仪器设备检测整车、总成和机构的参数、曲线、波形，为分析、判断技术状况提供定量依据，最终确定汽车故障的原因和部位的诊断方法。

现代仪器可对汽车故障做出精确判断和定量分析。利用仪器设备对汽车进行多参数动态分析，可以迅速准确地诊断出汽车复杂的综合性故障，这为汽车故障诊断技术从传统的经验体系向现代的科学体系发展奠定了坚实的基础。

现代仪器设备能自动分析、判断、存储并打印出汽车各项性能参数，具有检测速度快、准确性高、能定量分析、可实现快速诊断等优点；但同时也具有投资大、占用厂房、操作人员需要培训、检测成本高等缺点。

三、汽车故障自诊断法

随着汽车技术的不断进步，现代汽车的电子控制系统一般都具有自诊断功能，这个系统称为随车故障诊断系统（OBD Ⅱ），能记录出现的故障，并以故障码的形式存储起来。

维修人员通过随车故障诊断装置读取故障码和动态数据流，确定故障的部位，减少维修的盲目性，进而迅速地诊断和排除故障。

四、模拟故障诊断法

模拟故障诊断法适用于振动、高温和渗水（受潮）等引起的难以再现的间歇性故障的诊断。具体有振动法、加热法、加湿法、电器全接通法和道路试验法。

（1）振动法 针对某些怀疑有故障的元器件、导线束、插接件、传感器、执行器等进行敲打（用锥柄敲击、用手拍打）和摇摆（导线及插接件进行垂直、水平方向摇摆和前后拉动），以检查是否存在虚焊、松动、接触不良、导线断裂等故障。

操作时注意不可用力过大，以免损坏电子器件。尤其在拍打继电器部件时，千万不可用力过度，否则将会引起继电器开路。利用振动法进行模拟检测时，应随时注意被检装置的工作反应，以确定故障部位（图1-3-1）。

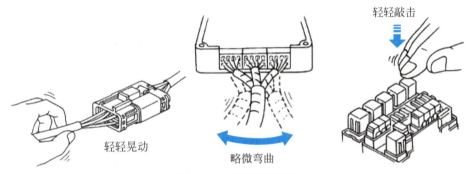

图 1-3-1 振动法检查

（2）加热法 针对某些怀疑有故障的元器件、导线束、插接件、传感器、执行器等进行局部加热，检查故障是否出现。

加热器具宜选用电热风机或类似的加热器，加热时不可直接加热ECU（电子控制单元）中的电子元器件，加热温度不得高于80℃。

在汽车电控系统出现软性故障（发动机启动后或电子设备开机后，经过一段时间故障才出现）时，说明有电子元器件出现软击穿（达到一定温度后异常，冷却后又恢复正常）故障（图1-3-2）。

（3）加湿法 当故障发生在雨天或洗车之后时，可使用加湿法（用水喷淋汽车外部）进行高湿度环境模拟。

喷淋前应对电子设备予以保护，以免积水使电子设备锈蚀。水应尽量喷到空中，让水滴自由落下（图1-3-3）。

（4）电器全接通法 用电负荷过大时引起的故障，可通过接通全部电器的方法试验。

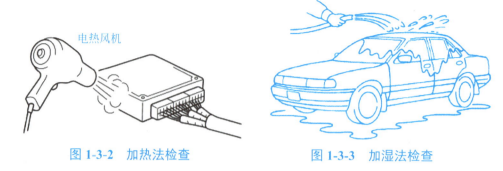

图 1-3-2 加热法检查　　　　图 1-3-3 加湿法检查

（5）道路试验法　道路试验法用于诊断只在特定的行驶状态下出现的故障，如车速达到较高时故障才出现。

另外，还可以采取换件法和信号模拟法判断电器是否有故障。

第四节　汽车故障诊断流程

故障诊断流程主要由五个步骤构成。如果维修人员检查车辆时不按照必要的程序进行操作，则故障很可能变得更复杂，最后很可能由于错误的推测而采取不相干的维修程序。为了避免发生这种情况，在故障诊断时应正确领会下面所说的这五个步骤（图 1-4-1）。

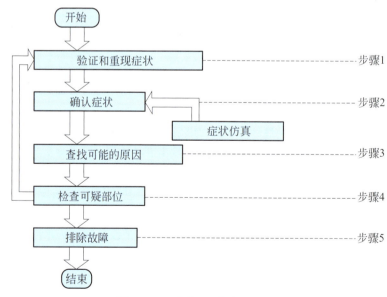

图 1-4-1　汽车故障诊断流程

步骤1：验证和重现症状（图1-4-2）。

故障诊断中最重要的一个环节是正确地观察用户所指出的实际症状并以此做出不带任何偏见的、正确的判断。

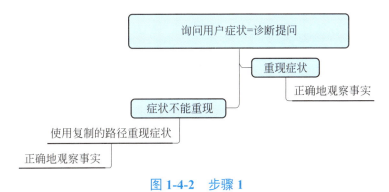

图 1-4-2　步骤 1

步骤2：判定这种症状是不是故障（图1-4-3）。

当用户对汽车的症状提出抱怨时，这种抱怨可能是由很多原因造成的。然而并不是用户所说的所有症状都是故障，这些症状很可能与车辆特性有关。如果维修人员花大量的时间去修理一辆实际上并无故障的车辆，不仅浪费了宝贵的时间，而且会失去用户的信任。

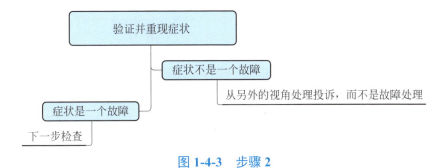

图 1-4-3　步骤 2

步骤3：推测故障发生的原因（图1-4-4）。

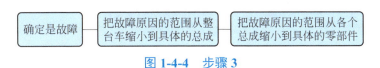

图 1-4-4　步骤 3

推测故障发生的原因应当在维修人员所确定的故障症状的基础上系统地进行。

❶ 如果故障反复出现，在这些事件中是否有共同特性？
❷ 是否是用户的一些使用习惯从而影响车辆的运行？

❸ 在这之前类似故障维修的原因是什么？
❹ 在过去的维修历史中是否有故障的前兆？
推测故障的原因必须从大处着手。

步骤4：检查可疑部位找出故障产生的原因（图1-4-5）。

故障诊断是在通过验证（检查）所获取数据的基础上，逐渐寻找故障真正原因的一个反复过程。检查要点如下。

❶ 基于车辆的功能、结构和运行系统的各项检查。
❷ 从检查系统功能开始，逐渐缩小到检查单个零部件。
❸ 充分利用手持式测试仪（所测数据有利于诊断分析）。

步骤5：排除故障并避免类似故障再次发生（图1-4-6）。

只有当故障顺利排除，并消除了用户担心类似故障再次发生的心理，才意味着此次修理大功告成。故障预防要点如下。

❶ 此故障是一个单独的故障还是一个由于其他部件引起的连锁故障？
❷ 此故障是由于零部件的使用寿命造成的吗？
❸ 此故障是由于不适当的维修保养造成的吗？
❹ 此故障是由于不恰当地处理和操作造成的吗？
❺ 此故障是由于不适当的使用造成的吗？

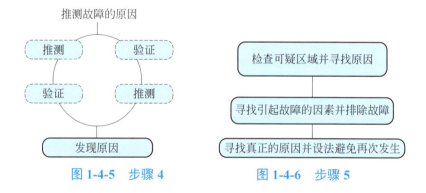

图1-4-5　步骤4　　　　　图1-4-6　步骤5

第五节　汽车故障诊断基本技能

一、诊断性提问

诊断性提问必须包括询问用户症状发生时的情况以再现那些症状。

1. 维修人员在进行诊断性提问时必须记住什么

❶ 不要使用专业术语,不用用户不熟悉的语言说话。
❷ 用实际的事例询问用户,使用户能容易地进行回答(图 1-5-1)。
举例如下。
什么地方:是左前轮吗?
什么时候:是在什么时候驾驶的?
做什么操作:如果踩下制动踏板,能听到声音吗?
怎样:能听到刺耳尖声吗?
从什么时候开始的:症状从何时开始的?

图 1-5-1　诊断性提问

2. 关于诊断性提问维修人员应懂得些什么

在进行诊断性提问时,重要的是维修人员完全理解和再现用户指出的症状所需要的条件。

(1) 维修人员必须懂得什么(表 1-5-1)
❶ 当症状再现时,确认用户的请求和要求。
❷ 当症状没有再现时,确认再现症状所需要的条件。

表 1-5-1　诊断性提问

何时	故障发生的时候
何因	发生在早上,冷天发动机发动后,汽车行驶多少公里后
何处	上坡时,急转弯时,在十字路口时等
现象	轻推制动器,突然加速等
频率	一个月一次,一个星期一次,一天一次等

（2）维修人员应当询问用户什么以作参考（表 1-5-2） 有一份问题清单，它可以使维修人员比较容易地排除故障。不过这些问题仅供参考，维修人员不应有偏见或一成不变的想法。

表 1-5-2　参考信息

项目	使用的信息
第一次故障何时发生	作为背景信息，评估故障原因
维修历史和情况	
在什么地方进行定期维护	
用户的职业和年龄	作为了解用户使用车辆情况的依据

3. 诊断性提问的情况有哪些

（1）发动机失速或迟缓的情况（表 1-5-3）

表 1-5-3　在发动机失速或迟缓的情况下询问

诊断问题	具体问题	可以理解的信息
症状	症状发生时有什么感觉；是否与其他故障有关联	用户的要求
何时，哪种气候	症状发生的时间	根据日期与时间，可以推测当时的天气和温度
部位	经常发生故障的部位	根据故障出现的位置、距离和时间，可以推测发动机的暖机状态；根据地形，可以推测出发动机负荷和发动机转速
在什么情况下	发动机失速的情况：是否在实施制动期间；是否在减速状态；是否在开始减速时	根据用户的习惯性操作状态，可以推测故障出现时的车辆状态
	发动机失速或迟缓的情况：是否在开始加速时；如何踩压加速踏板；如何放开加速器；症状发生时，在哪一个挡位；是否在超车加速时；是否在初速度或最高速度时；空调是在打开还是关闭状态	
其他	频率	

（2）功率不足的情况（表 1-5-4）

表 1-5-4　在功率不足的情况下询问

诊断问题	具体问题
现象	加速性不良；爬坡不良；与其他型号相比较
自从何时，何处	计时；时段；天气；频率
位置	用户感到功率不足的位置
传动方式	①开始加速时：如何踩压加速踏板；如何放开加速器
	②超车加速时：初速度；如何踩压加速踏板；最后加速时
	③使用重负载时：如何踩压加速踏板；发动机转速；驾驶速度；变速器挡位
其他	车辆状态；空调是在打开还是关闭状态；燃料类型

二、再现症状

当维修人员试图再现用户指出的症状时，为了正确地进行故障诊断，重要的是应根据从诊断性提问中得到的信息，创造出与症状发生时相符合的条件（图 1-5-2）。

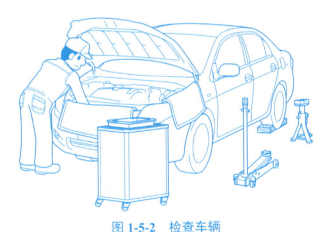

图 1-5-2　检查车辆

1. 通过路试确认症状

路试应当根据通过诊断性提问得到的信息和 ECU 的定格数据，按照症状发生时的条件进行。

> **注意**
>
> 最好与用户一起进行路试。

2. 汽车停止后的症状再现

在汽车停止后，再现其再现性不明显的症状或在行驶中发生的症状。

检查诊断代码：当故障代码被输出时，则应关注与该代码有关的方面，以便使用再现法再现症状；当正常代码被输出时，则应注意诊断程序没有检测到的执行机构并用再现法再现症状。

再现法是维修人员根据产生顾客指出的症状的状况，通过使用一定的方法和手段使症状再现的方法。根据症状发生的条件应综合几种方法来进行再现。

三、判断症状是否为故障

当用户抱怨时，重要的是确定故障原因是车辆本身，还是用户的使用，或者是两者兼而有之（图1-5-3）。

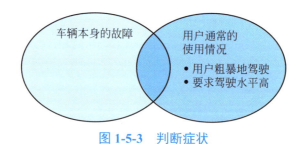

图1-5-3 判断症状

还有必要判断用户的车辆性能是否与用户的要求相一致，方法是它与另一辆相同型号的汽车进行比较。如果性能水平相当，几乎不可能消除抱怨的原因，维修人员应作出判断，抱怨不是故障症状引起的，而是用户的期望，并从另一个视角去处理它。如果性能水平大大劣于另一辆相同型号的汽车的性能水平，维修人员应判断抱怨的原因是一种故障并进行故障排除。

当维修人员将用户的车辆与另一辆相同型号的车辆进行比较时，行驶条件应当是一样的。

四、故障排除

当排除故障时，要将下述几种检查综合起来进行推测以找出原因（图1-5-4）。

❶ 再现法。
❷ 诊断性检查。
❸ ECU 数据检查。
❹ 发动机转动阻力检查。
❺ 发动机启动状况检查。
❻ 点火、预热系统检查。
❼ 燃油系统检查。
❽ 压缩系统检查。
❾ 断缸检查。
❿ 空燃比检查。
⓫ 活塞环/气门导管漏油损失检查。
⓬ 排气状况检查。
⓭ 端子接触压力检查。

图 1-5-4　检查车辆排气状况

第二章

走进车间——汽车故障诊断前期准备

第一节 汽车故障诊断的检测设备

汽车故障诊断的检测设备见表 2-1-1。

表 2-1-1 汽车故障诊断的检测设备

设备图片及名称	设备图片及名称
内窥镜	发动机气缸压力表

续表

设备图片及名称	设备图片及名称
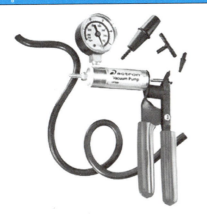 手持真空检测表	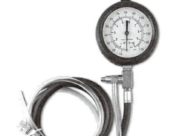 发动机燃油压力表
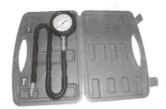 发动机机油压力表	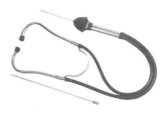 发动机异响测听器
 万用表	 蓄电池检测仪

续表

设备图片及名称	设备图片及名称
测试灯	 跨接线
 空调压力检测表	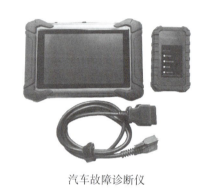 汽车故障诊断仪
 示波器	

第二节　汽车故障诊断常用的工量具

汽车故障诊断常用的工量具见表 2-2-1。

第二章　走进车间——汽车故障诊断前期准备

表 2-2-1　汽车故障诊断常用的工量具

工量具图片及名称	工量具图片及名称
 钢直尺	 游标卡尺
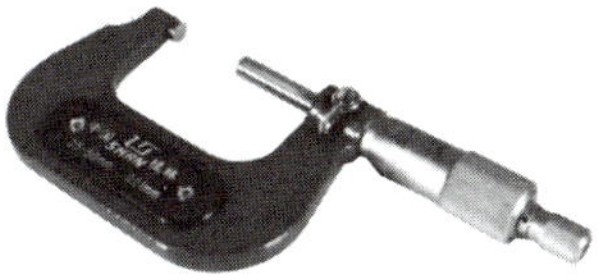 外径千分尺	 磁性表座及百分表
 力矩扳手	

第三章

留在车间——学习汽车故障诊断技术

第一节 汽车电路基础知识

一、汽车电路基本元器件

汽车电路一般由电源、电路保险装置、控制装置、用电设备和连接导线等组成。

1. 电源

（1）蓄电池 在发动机未启动时，向有关用电设备供电（图3-1-1）。

（2）发电机 发动机启动后小负荷由发电机供电，大负荷下由蓄电池和发电机联合供电（图3-1-2）。

2. 导线

汽车导线用来连接汽车上各用电设备和控制部件，传递电流和信号，以构成完整的汽车电气控制系统。汽车导线有低压线和高压线两种（图3-1-3）。

图 3-1-1　蓄电池

图 3-1-2　汽车发电机

图 3-1-3　汽车导线

扫一扫

视频精讲

3. 开关

开关装置的功能是接通和切断电源与用电设备的连接电路。

（1）点火开关　它是汽车电路中最重要的开关，是各条电路分支的控制枢纽（图 3-1-4）。

图 3-1-4　点火开关

OFF（LOCK）挡：全车电路处于断开状态，所有用电设备均不工作；同时点火钥匙仅能在 OFF 挡插入或拔出。

ACC 挡：附属设备用电挡。当点火钥匙旋至 ACC 挡时，车内附属设备电路接通，可使用车内的收放机、室内灯等用电设备，不可使用空调。

ON 挡：全车电路接通挡。当点火钥匙旋至 ON 挡时，车内附属设备电路、点火电路、各灯光照明装置电路均接通，发动机的点火装置处于预热状态，发动机处于待启动状态。

ST（START）挡：发动机的启动挡。当点火钥匙旋至 ST 挡时，启动电路接通，起动机旋转，并带动发动机转动；发动机启动后，应立即松开点火钥匙，使钥匙自动回到 ON 挡，以免损坏起动机，同时也有利于发动机正常工作。

（2）组合开关　它将灯光开关(前照灯开关、变光开关)、转向灯开关、危险警告灯开关、刮水器/清洗器开关等组合为一体，是个多功能开关，安装在便于驾驶员操纵的转向柱上。

4. 保险装置

常见的保险装置有熔丝、易熔线和断路器等。

（1）熔丝　是最普通的电路保护装置，集中在熔丝盒内，与用电设备串联（图 3-1-5、图 3-1-6）。

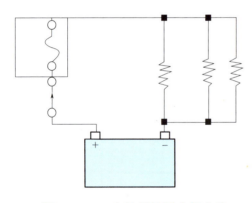

图 3-1-5　一个熔丝控制全部支路

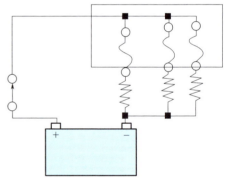

图 3-1-6　每个支路均有一个熔丝

> ⚠️ **警告**
>
> 切勿使用超过汽车厂规定额定值的熔丝，否则会损坏或破坏电路。

熔丝引起电路断路的主要原因是熔断（图 3-1-7）和接触不良。

正确判断熔丝通断的方法：通过视觉观察是否熔断；通过万用表检测通断（图 3-1-8）。

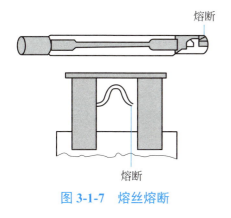
图 3-1-7　熔丝熔断

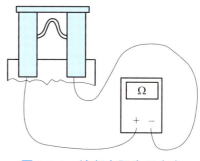
图 3-1-8　熔断电阻为无穷大

（2）易熔线　是用来保护汽车电路和用电设备的、容量较大的线状熔断器。通常连接在电源线路和通过电流较大的线路上（图 3-1-9）。

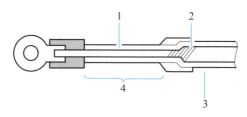

图 3-1-9　易熔线

1—细导线；2—接合片；3—电路导体；4—当出现过大电流时，这部分易熔线将熔断

> ⚠ **警告**
>
> 不允许用电阻丝代替易熔线，反之也一样。

（3）断路器　用于正常工作时容易过载的电路中，利用双金属片受热变形的原理制成。按其作用形式有两种：非循环式和循环式。

非循环式断路器是当电路发生过载时，双金属片受热向上弯曲变形，使触点分离，自动切断电路，保护线路及用电设备；排除故障后，需用手按下按钮，使双金属片复位（图 3-1-10）。

循环式断路器是当电路发生过载时，双金属片受热变形弯曲，触点打开，电路自动切断；当双金属片冷却后，自动复位，触点闭合，电路自动接通；双金属片受热变形，触点再次打开。如此，断路器触点周期地打开和闭合，直至电路不过载为止（图 3-1-11）。

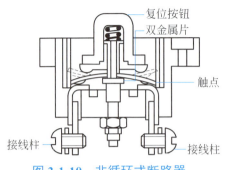

图 3-1-10　非循环式断路器

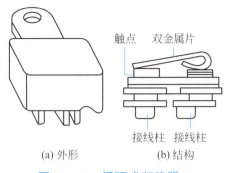

(a) 外形　　　(b) 结构

图 3-1-11　循环式断路器

二、汽车电路识图基础

1. 汽车电路元件及其符号

汽车电路元件及其符号见表 3-1-1。

表 3-1-1　汽车电路元件及其符号

元件、符号及说明	元件、符号及说明
蓄电池 存储化学能并将其转化为电能，给汽车的各个电路提供直流电	搭铁 指配线连接车身的点，给电路提供回路，如果没有搭铁，则电流不能流动
电容器 小型临时电压保持装置	单丝 双丝 前照灯 电流使前照灯灯丝加热并发光。前照灯既可有一根灯丝，也可有两根灯丝
点烟器 电阻加热元件	
断路器 如果流经的电流过大，断路器将变热并断开，冷却后部分装置自动重新设定，而另一部分装置必须重新手动设定	喇叭 发出高频音频信号的电子设备
二极管 仅允许电流单向流通的半导体	点火线圈 将低压直流电转换为点燃火花塞的高压点火电流

续表

元件、符号及说明	元件、符号及说明
稳压二极管 只在规定电压时允许电流单向流通并阻止逆向流通，超过该电压则由其分流余压，可以简单起到调压器的作用	**灯** 流经灯丝的电流加热灯丝并使之发光
光敏二极管 根据光线数量控制电流的半导体	**发光二极管（LED）** 基于电流，这些二极管不同于一般的灯，它发光但不产生热量
分电器 将高压电流从点火线圈引到每个火花塞	**模拟型仪表** 电流将启动一个电磁线圈，这将会导致指针的移动，从而提供一个与背景刻度相对照的相关显示
熔丝 如果流经的电流过大，则会熔断，从而切断电流来保护电路免受损坏 （用于中等电流） **易熔线** 位于大电流电路中的粗导线，如果电负荷过大，则会熔断，从而保护电路 （用于大电流）	**数字型仪表** 电流启动 LED、LCD 或荧光显示屏中的一个或数个，将提供相关显示或数字显示
	电动机 将电能转换为机械能的电源装置，特别是对于旋转运动
继电器 正常关闭 正常打开 基本上，这是可以正常关闭或打开的电子操作开关。流经小线圈的电流将产生电磁场，会打开或关闭附属的开关	**扬声器** 这是可以根据电流产生声波的机电设备
	手动开关 正常打开 正常关闭 打开或关闭电路，从而使电流停止或流通
双投继电器 这是电流流经一组接点或其他组接点的继电器	
电阻器 这是具有固定电阻的电子元件，安装在电路中将电压降低到规定值	**双投开关** 这是电流持续流经一组接点或其他组接点的开关

续表

元件、符号及说明	元件、符号及说明
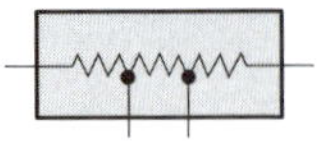 **抽头电阻器** 这是有两个或多个不同不可调电阻值的电阻器	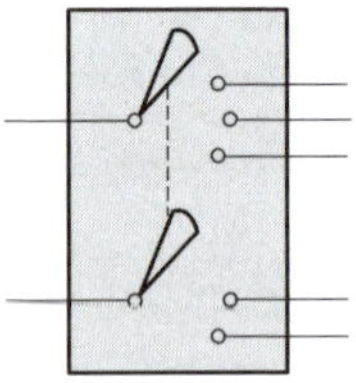 **点火开关** 有数个位置允许各个电路变为可操作,特别是初级点火电路
 **滑变电阻器或可变电阻器** 这是可调电阻比的可控电阻器。有时也将之称为电位计或变阻器	
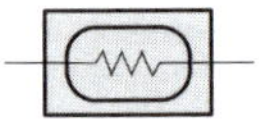 **热敏电阻** 可以根据温度而改变其电阻值	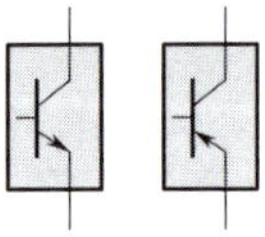 **晶体管** 这是典型的被用作电子式继电器的固体电路设备
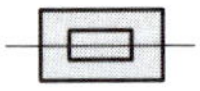 **短接销** 用于在接线盒中提供不可断的连接	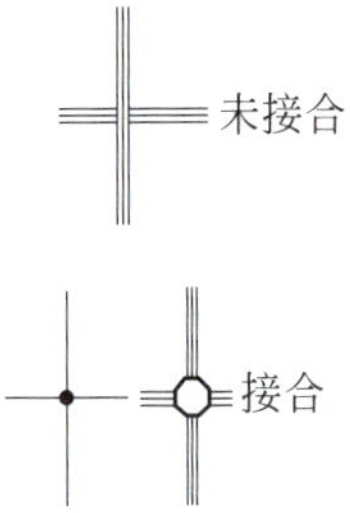 **配线** 未接合 接合 在电路图中,配线通常用直线表示:在汇合处没有黑色圆点的交叉配线没有接合;在汇合处有黑色圆点或八角形(○)标记的交叉配线接合
 **电磁阀** 这是电磁线圈,当电流流经时,会形成一个磁场来移动活塞等	

2. 汽车电路图的类型

为了对汽车电路进行维修、检查、安装、配线等,根据汽车电路图的不同用途,可绘制成不同形式的电路图,主要有原理框图(系统图)、线束图(安装图)、零件位置图、接线图、电路原理图等。

(1)原理框图(系统图)　由于汽车的电气系统较为复杂,为概括性地表示汽车电气系统或分系统的基本组成及其相互关系,常采用原理框图(丰田车系称之为系统图)。原理框图是用符号或带注释的框,概略表示汽车电气系统基本组成、相互关系及其主要特征的一种简图。原理框图所描述的对象是系统或分系统的主要特征,它对内容的描述是概略的,用来表示系统或分系统基本组成的是图形符号和带注释的框（图3-1-12）。

（2）线束图（安装图） 是根据用电设备在汽车上的实际安装部位绘制的局部电路图。线束图主要表明线束与各用电设备的连接部位、接线端子、线头、插接器（连接器）的形状及位置等。线束图一般不详细描绘线束内部的电线走向，只将露在线束外面的线头与插接器进行详细编号（图3-1-13）。

线束图按照布线位置和线束的功能可分为发动机舱线束、仪表板线束、底板线束、车身线束等。

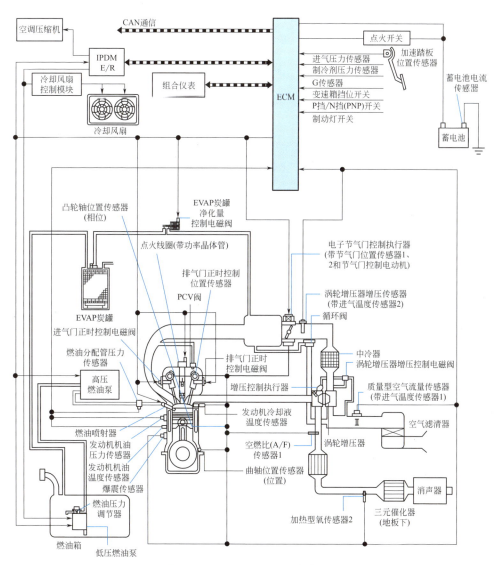

图3-1-12 原理框图（系统图）

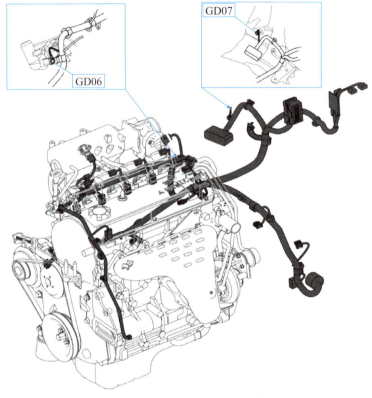

图 3-1-13 线束图（安装图）

（3）零件位置图　是表现汽车用电设备零件安装位置的图示。将汽车用电设备按照系统在图上标识出来，便于维修检测时快速定位零件位置，尤其是发动机传感器、执行器的位置，在维修时经常用到（图 3-1-14）。

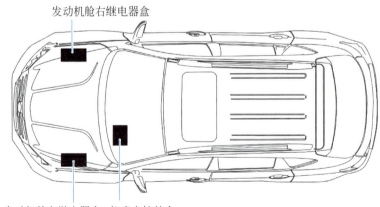

图 3-1-14 零件位置图

（4）接线图　是指专门用来标记用电设备的安装位置、外形、线路走向等的指示图。

汽车接线图明确地反映了汽车实际的线路情况，查线时，导线中间的分支、接点很容易找到，为安装和检测汽车电路提供了方便。但因其线条密集，纵横交错，给读图、查找、分析故障带来不便（图3-1-15）。

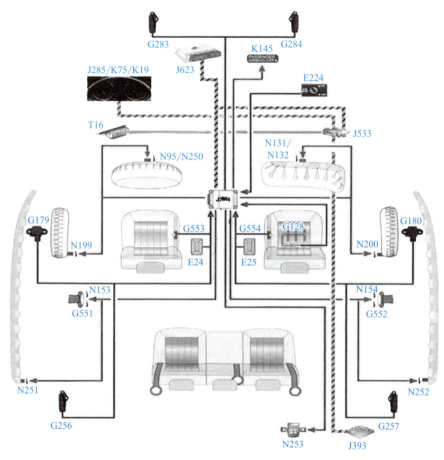

图 3-1-15　接线图

（5）电路原理图　简称电路图，是用图形符号，按工作顺序或功能布局绘制的，详细表示汽车电路的全部组成和连接关系，不考虑实际位置的简图。电路原理图可清楚地反映出电气系统各部件的连接关系和电路原理（图3-1-16）。

3.汽车电路图识读的技巧

（1）弄清电源、信号与控制　想要读懂汽车电路图，就必须把电的通路理清。

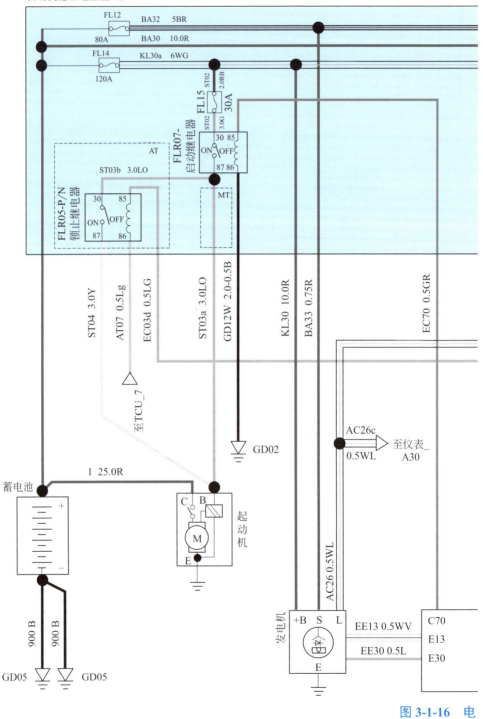

图 3-1-16 电

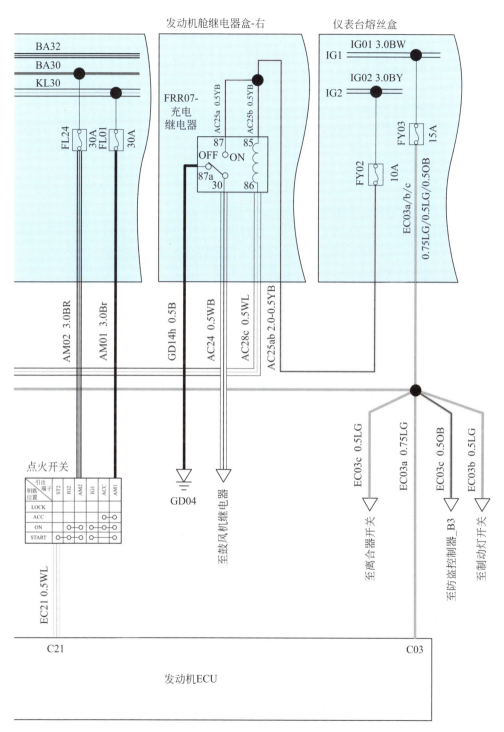

路原理图

❶ 电源：要弄清蓄电池或经过中央控制盒后的电源都供给了哪些元件。与电源正极连接的导线在到达用电设备之前是电源电路；与接地点连接的导线在到达用电设备之前为接地电路。汽车电路的电源一般来说有常电源、条件电源两种。

❷ 信号：汽车电路中常见的是各种开关输入信号和传感器输入信号。传感器经常共用电源线、接地线，但绝不会共用信号线。在分析传感器电路时，可用排除法来判断电路，即排除其不可能的功能来确定其实际功能，如分析某一具有三根导线的传感器电路时，如果已经分析出其电源电路、接地电路，则剩余的电路必然为信号电路。

❸ 控制：控制信号主要由控制单元送出，它分布在各个执行器电路中，如点火电路中的点火信号，燃油喷射控制电路中的喷油信号，空调控制电路中控制压缩机运转的控制信号等。在汽车电路中，会有执行器共用电源线、接地线和控制线的情况。

（2）将电路化繁为简　根据上面提到的电源、信号与控制，再根据电气系统工作的基本原则，可将电路区分为电源电路（正极供电）、接地电路（回到负极构成回路）、信号电路、控制电路。

（3）正确判断电路的串、并联关系　识读汽车电路图时注意各元器件的串、并联关系，特别是不同器件共用电源线、接地线和控制线的情况。

（4）区分导线功能　直接连接在一起的导线（也可由熔丝、接点连接）必具有一个共同的功能，如都为电源线、接地线、信号线、控制线等。凡不经用电设备而连接的一组导线若有一根接电源或接地，则该组导线都是电源线或接地线。

（5）判断导线是否共用　在汽车电路图中部分导线会被共用，如部分接地线和电源线。有些传感器会共用电源线、接地线，但绝不会公用信号线。有些执行器会共用电源线、接地线，有些还会共用控制线。

三、汽车电路检修基础

1. 如何根据电路图去检修电路

在查阅电路图时，要学会看线上面代表线色的字母，以便在实车上查找线路时节省时间。

对于线色的标注，基本差不多，如不了解或有疑惑，可查阅每本电路手册前面的线色说明，在有的电路图中，还标注了线径（图3-1-17）。

在实车检修电路时，应该先检查能够简单直观检查到的。现以左转向灯不亮为例，讲解维修思路。

打开双闪开关（危险警告灯开关），看左转向灯是否能亮。亮则说明是转向灯开关的问题，不亮则说明是闪光继电器/闪光继电器后方的线路故障。

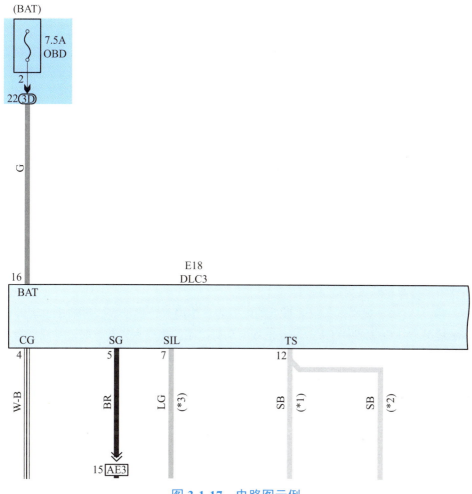

图 3-1-17　电路图示例

如果不亮，则需要拆下危险警告灯开关，量 3 号端子有无电压输出。如果不好拆除，也可以通过线色，到仪表台下方找到该线。从电路图中可以看到线的颜色是 G/B，说明这根线是一根双色线，颜色是绿黑。测量这根线有无电压。有电压，则说明故障点在闪光继电器后方。无电压，则还需要关闭转向灯开关，测量这根线是否在线路中存在搭铁故障。一般来说，是不存在搭铁故障的。如搭铁，右边也会不正常。针对这个故障，无电压的情况下，一般都是更换闪光继电器。

如果点亮，则检查转向灯开关的线路。从电路图中，可以看到这个开关控制负极，负极上的 J2 代表的是插接器，并不是什么元件，而且它与右转向灯共负极，可以排除是负极线的问题。这时只需测量从闪光继电器到转向灯开关的线路是否有电即可。一般都是根据线色找到该线。电路图中是 G/W，表明这根线是绿白。组合开

31

关的线基本都是顺着转向盘走到转向盘下方，查找起来相对比较容易。如果有电，在打开左转向灯时仍有电，则说明是转向开关的问题。如果没电，则需要先拆下闪光继电器，测量闪光继电器输出是否有电。若没电则更换闪光继电器。若有电则查找线路中在哪里出现了断路。这里线路出现短路的情况也不会发生。

2. 汽车电路故障常用排除方法和维修方法

❶ 直观诊断法　汽车电路发生故障时，有时会出现冒烟、火花、异响、焦臭、发热等异常现象。这些现象可直接观察到，从而可以判断出故障所在部位。

❷ 试灯法　用一个汽车用灯泡作为试灯，检查电路中有无断路故障。

❸ 断路法　汽车电路设备发生搭铁故障时，可用断路法判断，即将怀疑有搭铁故障的电路断开后，观察用电设备中搭铁故障是否还存在，以此来判断电路搭铁的部位和原因。

❹ 短路法　汽车电路中出现断路故障，可以用短路法判断，即用导线将被怀疑有断路故障的电路短接，观察仪表指针变化或用电设备工作状况，从而判断出该电路中是否存在断路故障。

❺ 仪表法　观察汽车仪表板上的电流表、水温表、燃油表、机油压力表等的指示情况，判断电路中有无故障。例如发动机冷态，接通点火开关时，水温表指示满刻度位置不动，说明水温表传感器有故障或该线路搭铁。

❻ 低压搭铁试火法　即通过拆下用电设备的某一线头对汽车的金属部分碰试而产生火花来判断。这种方法比较简单，是经常使用的方法，搭铁试火法可分为直接搭铁和间接搭铁两种。直接搭铁是未经负载而搭铁产生强烈的火花。例如，要判断点火线圈至蓄电池一段电路是否有故障，可拆下点火线圈上连接点火开关的线头，在汽车车身或车架上刮碰，如果有强烈的火花，说明该电路正常，如果无火花产生，说明该电路出现了断路。间接搭铁是通过汽车用电设备的某一负载而搭铁产生微弱的火花，以此来判断线路或负载是否有故障。例如，将传统点火系统断电器连接线搭铁，如果有火花，说明这段线路正常，如果无火花，则说明电路有断路。

> 💡 **注意**
>
> 试火法不能在电子线路汽车上应用。

❼ 高压试火法　对高压电路进行搭铁试火，观察火花状况，判断点火系统的工作情况。具体方法是：取下点火线圈或火花塞的高压导线，将其对准火花塞或缸盖等，距离约5mm，然后接通启动开关，发动机运转，看其跳火情况，如果火花强烈，呈天蓝色，且跳火声较大，则表明点火系统工作基本正常，反之则说明点火系

统工作不正常。

四、汽车电路零件检测

1. 检查熔丝

通过视觉观察是否熔断（图 3-1-7）；通过万用表检测通断（图 3-1-8）。

2. 检查继电器

继电器端子如图 3-1-18 所示。

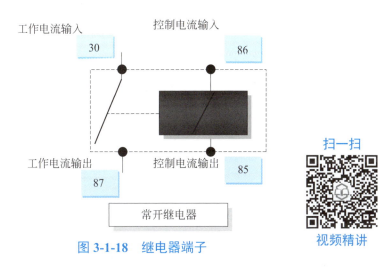

图 3-1-18　继电器端子

用万用表的电阻挡测量继电器 85、86 两端子，电阻在 65～85Ω 范围内，表明线圈正常（图 3-1-19）。

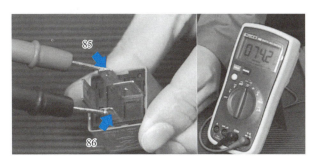

图 3-1-19　测量继电器线圈电阻

将 85、86 两端子接在蓄电池两端，通电后测量 30、87 两端子间的电阻，约为零（图 3-1-20）。

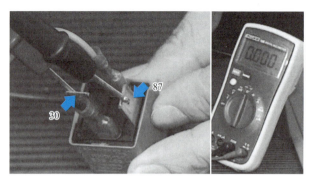

图 3-1-20　测量继电器开关

3. 检查传感器类零件

目前汽车上的传感器按是否需要工作电源可分为有源传感器和无源传感器；按输出信号的类型可分为输出电压传感器和输出频率传感器等。

在检查时，对于有源传感器，应检查其工作电压和信号电压或频率是否正常，如果能测量传感器电阻和间隙的，还应进行电阻和间隙的检查，检查其是否在规定范围内。对于无源传感器，因为无需电源，所以不需要检查电源电压，其他与有源传感器相同。还有一类开关型的传感器，检查方法是在其工作范围内检查其能否按照工作要求完成开关动作。

4. 检查电磁阀类零件

电磁阀类零件的检测，主要是用万用表检查其线圈的电阻是否符合要求。在通电后，电磁阀的动作是否符合要求及是否达到规定的效果。

5. 检查灯泡

检查时，一般可用万用表检查灯丝的通断，如果测量到灯丝的电阻为无穷大，则为灯泡损坏。

6. 检查开关

可根据开关的功能和开关各挡位的导通情况用万用表进行检查。

（1）开路检测　用万用表电阻挡或用数字式万用表二极管挡直接检测其通断情况即可。

（2）加电压检测　用万用表直流电压挡，将开关拨到相应的位置检测是否有电压，若有电压则开关接通，若无电压则开关不通。

7. 检查线路

一种方法是利用万用表的电压挡，沿着电路图中的线路分段用万用表检查电压或用试灯测试亮灭的情况；另一种方法是用万用表的电阻挡测量相应导线的通断程度及搭铁情况。

8. 检查二极管

将负极导线接触二极管正极侧，正极导线接触其负极侧时，应显示导通［图 3-1-21（a）］；如果将两根导线反接，则应显示不导通［图 3-1-21（b）］。

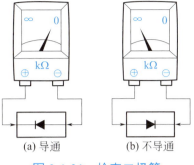

图 3-1-21　检查二极管

五、汽车电路常用检测方法

1. 汽车电路断路故障的查找

（1）什么是断路　断路是指电流通道的机械性断开。在串联电路中，如电流中断，则电路停止工作。在并联电路中，如果一条支路断开，则这条支路停止运行，其他支路照常工作。

（2）断路有两种可能　一种是持续性断路，另一种是间断性断路。

最麻烦的一种是间断性断路。间断性断路往往是绝缘层内的导线已断，但导线内的断开处在停车时仍保持接触。汽车在行驶中由于振动，就会产生间断性断路。要查找此类断路，可用手晃动所怀疑的导线，看是否可产生间断性断路。

（3）对汽车电路断路的诊断　首先要寻找明显的起因，如断开或绞缠的导线、磨损的绝缘体和腐蚀的接头等。

❶ 在简单的串联电路中，断路会阻止电流的流通，造成这一电路中所有负载不工作，如电动机不转、灯不亮等。在断路点之前，电路与地线之间还存在电压，断路点另一侧，电压就不存在了。

❷ 在简单并联电路中，断路将阻止电流的流通，所有与电源相连的各点电压与电源电压相同。

❸ 在复合电路中，断路对电流和电压的影响不同。不同的电路会出现不同的异常现象，核对电路图会有助于解释这些异常现象。

（4）导通性和电阻的检查　断开蓄电池端子或配线，使检查点间没有电压。使用万用表的电阻挡，两根导线接触检查点两端（图 3-1-22）。

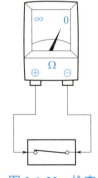

图 3-1-22　检查导通性和电阻

2. 汽车电路短路故障的查找

（1）对地短路　是指由于绝缘损坏而造成电路接地，这会导致熔丝烧断，如无熔丝，可使电路燃烧。如果短路发生在负载之后，电路控制装置可能失去作用。这时测试灯就显得很重要了。将测试灯放在熔丝位置，按顺序并合理地断开电路元件，若测试灯熄灭，即可找到电路的故障。

（2）对电源短路　是指由于绝缘损坏而造成该电路导线与另一电路导线相触及，这会使电路运行异常，出现一些奇怪的现象而且不易查找。为查出这类问题，必须观察征兆，辨认有关电路，拆除保险有助于查找有关的电路支路，然后在关键部位检查电压及电阻，这样就会查出故障所在了。

（3）短路测试

❶ 断开蓄电池负极线束。

❷ 把自带电源的测试灯或万用（电阻挡）表的一根导线连接到熔丝的输出端子上。

❸ 把自带电源的测试灯或万用表的另一导线接地。

❹ 断开所有与熔丝相关的电气负载。

> **注意**
>
> 如果不断开与该熔丝相关的所有电气负载，在检查低电阻负载电路时，万用表会一直显示低电阻，这种情况下会引起误判。

❺ 从熔丝最近处依次排查线路（图3-1-23）。

❻ 自带电源的测试灯亮或万用表显示值低于5Ω，说明这部分对地短路。

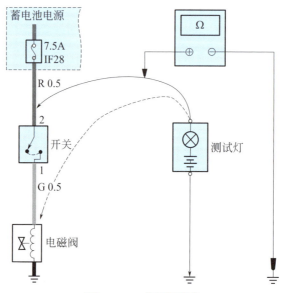

图3-1-23　短路测试

3. 汽车电路电阻过大的检查

电阻过大往往是最难查找的故障。这时使用检测仪表就显得非常重要。接头松动、污脏或腐蚀都可引起电阻过大，电流减小，致使灯光暗淡或闪烁或元件失效。作为一种故障，电阻过大是指任何电路中的电阻超出其原设计的指标。电阻过大经常是由接头和地线的松动、腐蚀，以及接触面积不足造成的。电阻过大也可发生在部件内部。

电阻过大使电路产生负载，而电路中附加的负荷，会使电路中其他负载的供电减少。电阻过大时，会出现灯光变暗、电动机转速减慢等现象。在更严重的情况下，高电阻就如同断路一样。如果地线腐蚀，这一地线（电阻本应为零）将由于其过高的电阻使这一电路上的所有负载不能工作。

接头和地线的电阻过大往往是由于水、融雪盐以及渗入的机油、黄油和脏物所致。负载也可因内部损坏、磨损、超负荷或振动而造成电阻过大。这类部件内部的电阻过大，如同部件内部损坏一样，难以用肉眼查找，另外接头和接地处的腐蚀和油污有的可以看见，有的也无法看见，此时就必须借助测试仪器进行检查。

4. 汽车电路间歇性故障的检测维修

大部分电路的间歇性电气故障是由有故障的电气接头和导线引起的，也可能是由元件或继电器粘连引起的。在决定是否报废一个元件或导线组件前，先检查以下各项。

❶ 插接器是否装好并固紧。
❷ 端子是否伸展或推出。
❸ 在导线组件上的端子是否完全插入插接器/元件中并锁定位置。
❹ 端子上是否有污物或锈蚀。
❺ 插接器/元件外皮是否损坏而使其暴露于污物和潮气中。
❻ 导线绝缘层是否磨穿而引起对地短路。
❼ 导线内部绝缘是否破损。

5. 车辆漏电故障的查找

停车后汽车用电设备的开关未关等导致的蓄电池亏电，蓄电池极板短路或氧化脱落导致自放电而亏电，由于汽车用电设备、线束、传感器、控制器、执行器等电子元器件和电路搭铁造成漏电亏电，都会使汽车出现启动困难或用电设备工作不良的现象。

（1）可能原因　引起汽车电气系统电流过大的可能原因：开关故障；控制单元模块故障；继电器故障；电路接头、接点电阻大、接触不良等连接故障；加装用电设备。

（2）检测方法　检测车辆是否漏电的方法很多，主要有以下几种。

❶ 电流检测法

检测步骤： 断开点火开关，拆下蓄电池负极接线，把万用表调到电流挡（1A挡），取两根导线，将两导线一端分别接万用表红、黑表笔，另一端分别接负极导线和负极接线柱，观察电流表读数，将测得的电流值与维修资料对照，检查是否在正常范围内，若测得的电流值过大，则说明车辆有漏电故障。

故障排除： 将熔丝逐个拔下，查看数值变化，当拔下某个熔丝时电流值变小，则说明漏电部位是通过此熔丝的电路或用电设备，确定故障范围后，可以查阅电路图或查看线路走向，顺线路查找出损坏部位进行修理；如果拔遍所有熔丝，电流表数值依然很大，则说明故障点在熔丝之前的线路上，应重点查看熔丝之前的线路有无搭铁短路现象。

❷ 电阻检测法

检测步骤： 断开点火开关，拆下蓄电池负极接线，使用指针式万用表，黑表笔接蓄电池正极，红表笔搭铁，将其调到电阻挡（1Ω挡），以此测量全车总电阻，若表指针不动，阻值很大，则说明正常，无漏电现象，若表指针偏转，显示为几欧姆或十几欧姆，则说明不正常，有短路故障存在。

故障排除： 将熔丝逐个拔下，观察指针变化，当拔下某个熔丝时指针不再偏转，则故障点在通过此熔丝的电路或用电设备，同电流检测法一样，通过查阅电路图或查看线路走向，顺线路找出损坏部位进行修理。

❸ 经验检测法

检测步骤： 断开点火开关，拆下蓄电池负极接线，然后将接线与蓄电池负极柱碰触，观察火花强度，火花越强，漏电现象越严重。

故障排除： 若火花较弱，则说明有小电流存在，应重点检查室内灯、后备厢灯等是否存在虚接常亮现象；若火花较强，则说明有大电流存在，应着重查看是否有用电设备一直在工作以及线路是否有破损搭铁现象。

（3）操作方法　车辆漏电检查操作方法如下。

❶ 选择正确挡位。现在汽车上都是直流电，测量汽车漏电一定要把万用表选择在直流电流挡上。

❷ 选择量程。在测量电流时要从大到小地选择量程，因为如果量程过小会把万用表烧坏，一般汽车的量程选择在10A，现在也有很多万用表可以自动调整量程大小，只要挡位选择正确即可。

❸ 打开要测量漏电车辆的机舱盖，关闭车上所有用电设备，然后把车门锁起来，有遥控的车辆，要遥控锁车。

❹ 断开蓄电池负极接线，将万用表调到电流挡，并且调到最小量程。

❺ 将蓄电池负极导线连接到万用表红表笔，负极接线柱连接到黑表笔。

❻ 车辆各模块进入休眠状态后，读出准确的静态放电量，一般在50mA以内属于正常，否则表明漏电（如果测出的是335mA，此车蓄电池容量是65A·h。算一

下 65/0.335≈194，194/24≈8，亦即 8 天就把蓄电池的电量全部放净，实际上不到 4 天车辆就不能启动了）。

❼ 检查漏电的位置，车辆改装用电设备，很容易造成静态放电量增大，例如加装导航、音响等。很多改装的用电设备都没有把电源接在 ACC 挡或者 ON 挡上，造成拔出钥匙锁门后用电设备继续用电。在排除是改装原因之后，先看看室内灯、门灯、化妆镜灯、后备厢灯，这些都是易出故障的地方。如果这些地方都没有问题，就从熔丝盒下手，逐个拔出熔丝，观察万用表上电流值的变化，如拔出哪个熔丝后，万用表上的电流值至正常范围内，即该熔丝所供电源的用电设备存在漏电。

❽ 现在汽车上都运用了 CAN 网络，如果是 CAN 网络上某个模块出现漏电的情况，通过拨熔丝不起作用，只有把整个模块拆下来，测量漏电电流来确定模块的好坏。

提示

无论是什么样的车辆出现漏电的现象，维修的方法是不变的，本着先易后难的方法来判定，一定要先检查汽车上后加装的设备，根据实际维修经验来讲，大部分漏电都是后加装设备的原因。

注意

将电流表串联到电路中，电路必须闭合。

6. 汽车电路基本检测方法

（1）电压检测　检查某一点是否有电压。当检查导线接头的某一个端子时，可以不分解导线接头，利用线路检测工具中的正极连接线探针从导线接头的背面插入进行测试。

❶ 用测试灯或万用表（电压挡）检查电压时，先把检测工具的负极与蓄电池负极相连。

❷ 然后把测试灯或万用表的另一端导线连接到要检测的位置上（图 3-1-24）。

❸ 如果检测工具是万用表，显示值比规定值小 1V 以上，说明电路有故障。如果检测工具是测试灯，测试灯不能正常点亮说明电路有故障。

（2）电压降测试

❶ 万用表（电压挡）正极导线连接到接近蓄电池导线的一端（接头侧或开关侧）。

❷ 万用表负极导线连接到导线的另一端（接头或开关的另一侧）。

❸ 闭合开关，使电路工作。

❹ 如电压降超过 0.1V（5V 电路应小于 50mV），则表明电路有故障，检查有否松动、氧化或腐蚀的情况。

测量正极的电压降如图 3-1-25 所示，测量接地端的电压降如图 3-1-26 所示。

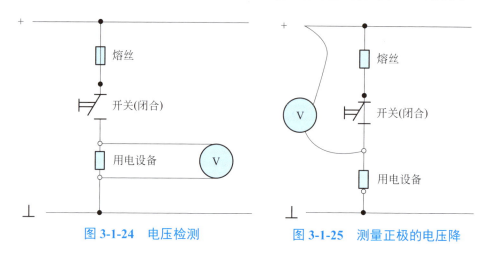

图 3-1-24　电压检测　　　　　图 3-1-25　测量正极的电压降

（3）通电测试

❶ 断开蓄电池负极接线。

❷ 将自带电源的测试灯或万用表（电阻挡）的导线连接到需要检测的部件上（图 3-1-27）。使用万用表时，先把万用表的两根导线短接，检查其工作是否正常。

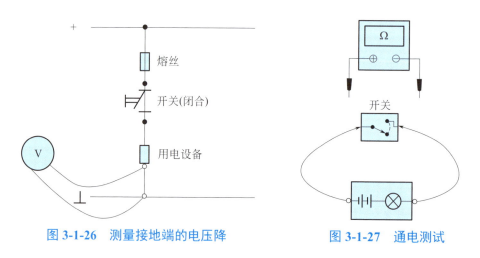

图 3-1-26　测量接地端的电压降　　　　　图 3-1-27　通电测试

❸ 自带电源的测试灯点亮，或万用表显示的电阻值很小（接近零），表示该部件导通状态良好。

第二节　电控汽油发动机故障诊断

一、传感器故障诊断

1.进气温度/增压压力传感器

（1）安装位置　进气温度/增压压力传感器（图 3-2-1）固定在增压空气管上。这个组合传感器向数字式发动机电子伺控系统提供下列信息：增压空气温度、增压压力。

增压压力传感器用于增压压力调节。此外，数字式发动机电子伺控系统利用进气管压力传感器信号校正节气门位置。

（2）工作原理

❶ 进气温度传感器　进行温度记录时，使用的是与温度有关的电阻器。该电路包括一个分压器，可对其测量与温度有关的电阻值。通过一条传感器特有的特性线转换成温度值。在进气温度传感器中安装有一个热敏电阻（NTC），其电阻值随温度的上升而下降。

❷ 增压压力传感器　采用应变仪进行压力测量。施加压力时，传感器中装有应变仪的金属膜会发生变形。应变仪的电阻变化将通过一个测量电桥，以电子方式进行记录并分析。然后，所测得的电压将作为实际值输入增压压力调节装置中。

（3）线路连接　进气温度/增压压力传感器通过一个 4 芯插头进行连接（图 3-2-2）。该传感器由发动机控制系统提供 5V 电压。线路连接端子定义见表 3-2-1。

图 3-2-1　进气温度/增压压力传感器
1—4 芯插头；2—进气温度/增压压力传感器

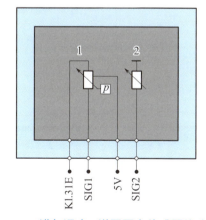

图 3-2-2　进气温度/增压压力传感器线路连接
1—增压压力传感器；2—进气温度传感器

表 3-2-1　进气温度/增压压力传感器线路连接端子定义

端子	说明
Kl.31E	电子接地线
SIG1	增压压力信号
5V	5V 供电电压
SIG2	进气温度信号

（4）特性线及标准值

❶ 特性线　增压压力的信息将通过一条信号线传输给发动机控制装置。增压压力的有效信号根据压力变化而波动。测量范围为 0.5～4.5V，对应 0.2～2.5bar（20～250kPa）的增压压力（图 3-2-3）。

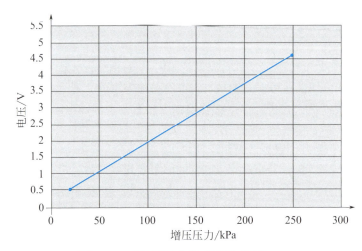

图 3-2-3　增压压力传感器特性线

进气温度传感器的电阻值随着温度在 167kΩ～150Ω 的范围内变化，对应 -40～130℃ 的温度值。

❷ 标准值　见表 3-2-2。

表 3-2-2　进气温度/增压压力传感器标准值

参数	标准值
增压压力传感器电压范围	0.5～4.5V
增压压力测量范围	0.2～2.5bar（20～250kPa）
进气温度传感器的分辨率	±1℃
最大输出电流	10mA
温度范围	-40～130℃

2. 凸轮轴位置传感器

（1）安装位置　凸轮轴位置传感器（图3-2-4）安装在发动机气门室盖上。

凸轮轴位置传感器借助一个固定在凸轮轴上的增量轮（凸轮轴位置传感器齿盘）探测进气凸轮轴的位置。凸轮轴位置传感器连同曲轴位置传感器一起是喷射装置所必需的（保证每个气缸的喷射都在最佳点火时刻）。

图 3-2-4　凸轮轴位置传感器

1—凸轮轴位置传感器；2—进气凸轮轴；3—3芯插头

（2）工作原理　通过凸轮轴位置传感器，发动机控制系统可识别出气缸1是在压缩阶段还是换气阶段。凸轮轴位置传感器设计成非接触式霍尔传感器。凸轮轴位置传感器齿盘有多个不同的齿面。齿面距离由霍尔传感器进行记录。

发动机控制系统将由此计算出凸轮轴转速、凸轮轴速度、凸轮轴的确切位置。

为启动车辆，发动机控制单元检查下列条件是否满足：曲轴位置传感器发出的信号没有错误；以规定的时间顺序对这两个信号（凸轮轴位置传感器信号和曲轴位置传感器信号）进行识别。这一步骤称为同步过程，并仅在车辆启动时执行。只有在同步以后发动机控制单元才能正确地控制燃油喷射。

在加上电压时，便可识别出凸轮轴位置传感器是否处于一个齿的位置，还是处于一个缺口的位置。

（3）线路连接　测量方法是以一个霍尔集成电路为基础的。输出信号通过齿面显示低状态，通过空隙显示高状态。凸轮轴位置传感器根据曲轴位置传感器原理工作，但是凸轮轴位置传感器齿盘有根本性区别，通过一块专用遮挡模板，可在曲轴位置传感器失效后进行紧急运行。值得注意的是，凸轮轴位置传感器信号的分辨率太低，因此无法在正常运行模式下替换曲轴位置传感器。凸轮轴位置传感器线路连接如图3-2-5所示。线路连接端子定义见表3-2-3。

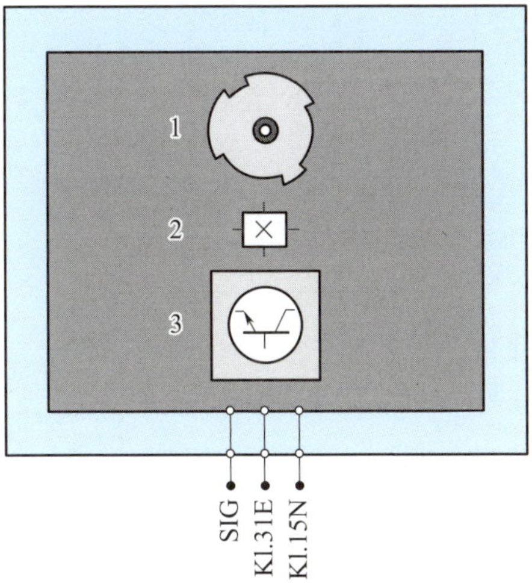

图 3-2-5　凸轮轴位置传感器线路连接

1—凸轮轴位置传感器齿盘；2—霍尔传感器；3—电子分析装置

表 3-2-3　凸轮轴位置传感器线路连接端子定义

端子	说明
Kl.15N（或 5V）	总线端或 5V 供电电压
Kl.31E	电子接地线
SIG	信号线

（4）信号曲线及标准值　发动机控制单元读入传感器信号并将信号与保存的样本进行比较。通过比较传感器信号和样本，可以识别出凸轮轴的正确位置或偏差。

❶ 信号曲线　如图 3-2-6 所示。

❷ 标准值　见表 3-2-4。

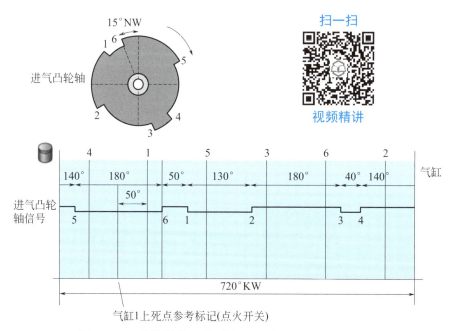

图 3-2-6　凸轮轴位置传感器信号曲线（6 缸发动机）

表 3-2-4　凸轮轴位置传感器标准值

参数	标准值
电压范围	6～16 V
转速范围	0～4000r/min
空隙范围	0.4～1.9 mm
最大输出电流	20mA
温度范围	-40～160℃

3. 曲轴位置传感器

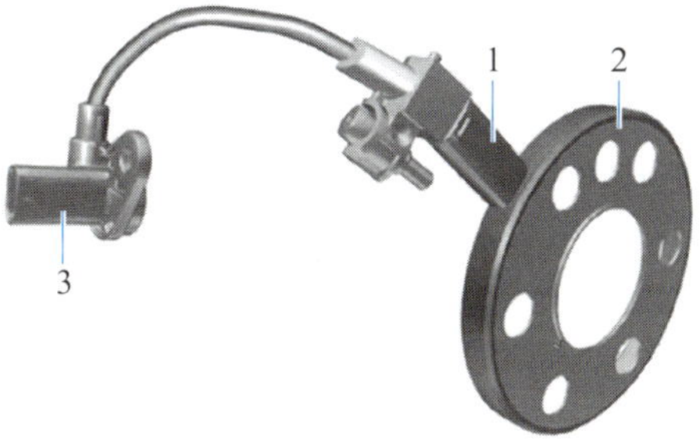

（1）安装位置　曲轴位置传感器（图3-2-7）集成在径向轴密封环中。

（2）工作原理　曲轴位置传感器借助一个拧在飞轮上的多极传感轮探测曲轴位置。发动机控制系统由此计算得出发动机转速。曲轴位置传感器连同凸轮轴位置传感器一起，是全顺序喷射装置所必需的（保证每个气缸的喷射都在最佳点火时刻）。

图 3-2-7　曲轴位置传感器
1—曲轴位置传感器；2—多极脉冲信号齿；3—3 芯插头

此外，发动机控制系统还通过曲轴位置传感器的信号分析曲轴加速度。通过曲轴加速度可推断各个气缸的燃烧质量。

多极传感轮具有 58 个磁极对和 1 个参考点。多极脉冲信号齿的参考点是一个双倍长度的磁极对。通过该参考点，可识别出气缸 1 的上死点。通过监控各个磁极对，霍尔传感器将把一定数量的信号跳变传送至发动机控制系统。

主动式曲轴位置传感器负责识别曲轴的旋转方向以及与多极传感轮之间的空隙。

发动机控制单元将通过读取的信号计算出曲轴旋转一圈的持续时间以及长度。多极传感轮绕过霍尔传感器所需要的时间将记录为曲轴转动一圈的时间。

为启动车辆，发动机控制单元检查下列条件是否满足：曲轴位置传感器和凸轮轴位置传感器发出的信号没有错误；以规定的时间顺序对这两个信号进行识别。这一步骤称为同步过程，并仅在车辆启动时执行。只有在同步以后发动机控制单元才能正确地控制燃油喷射。不同步时不能启动车辆。

发动机启动时（曲轴旋转第 1 圈时），曲轴位置传感器信号缺失，或识别出无效同步，便会立即开始进行诊断。这时将读取凸轮轴位置传感器信号。如果读取了凸轮轴上的 12 个齿面，而故障仍然存在，便会存入一个故障。一旦运转中的发动机未接收到曲轴位置传感器信号，或不存在有效的同步，便会开始确认故障。

（3）线路连接　在曲轴位置传感器中有三个霍尔元件，它们并排布置在壳体内。信号来自第一个和第三个霍尔元件构成用于确定信号频率以及与多极脉冲信号齿之间空隙的一个信号差。通过中间的元件信号与信号差之间的时间错位，可识别出是向右旋转还是向左旋转。曲轴位置传感器线路连接如图3-2-8所示。线路连接端子

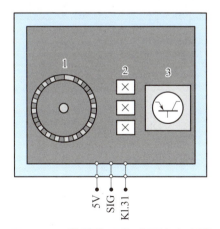

图 3-2-8　曲轴位置传感器线路连接
1—多极传感轮；2—霍尔传感器；3—电子分析装置

定义见表 3-2-5。

表 3-2-5　曲轴位置传感器线路连接端子定义

端子	说明
5 V	5V 供电电压
Kl.31	电子接地线
SIG	信号线

（4）信号曲线及标准值　从高相位到低相位的过渡标志着磁场的变化。在发动机控制系统内，将对这些变化进行计数。磁场两次切换之间的偏差为 6° 曲轴角。

❶ 信号曲线　如图 3-2-9 所示。

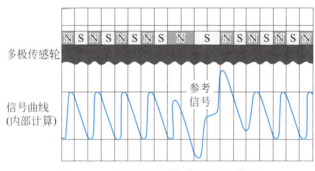

图 3-2-9　曲轴位置传感器信号曲线

❷ 标准值　见表 3-2-6。

表 3-2-6　曲轴位置传感器标准值

参数	标准值
电压范围	4.5～5.5 V
信号电压	4.1～5.1 V
转速范围	8000r/min 以下
空隙范围	0.1～1.8mm
最大输出电流	25mA
温度范围	-40～160℃

4. 冷却液液位传感器

（1）安装位置　冷却液液位传感器（图 3-2-10）安装在冷却液膨胀罐上。冷却液液位传感器识别冷却液膨胀罐中冷却液液位是否低于所需水平。

(2) 工作原理　冷却液液位传感器是一种电容传感器，通过两个喷管进行非接触式测量。

冷却液液位过低时，冷却液液位传感器提供一个发生改变的信号。信息将在 TFT 显示器中通过检查控制信息在组合仪表中输出。冷却液液位传感器与车身域控制器（BDC）相连。通过 PT-CAN 将信号转发至组合仪表。

(3) 线路连接　自 PAD 模式接通起，车身域控制器（BDC）给冷却液液位开关提供间歇电压（矩形波信号 3.3V）。该信号将由车身域控制器（BDC）读回。冷却液液位传感器线路连接如图 3-2-11 所示。线路连接端子定义见表 3-2-7。

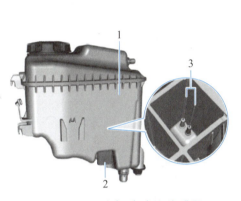

图 3-2-10　冷却液液位传感器
1—热膨胀平衡罐；2—2 芯插头；3—电容传感器（示出储液罐）

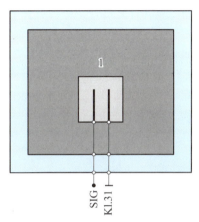

图 3-2-11　冷却液液位传感器线路连接
1—冷却液液位传感器

表 3-2-7　冷却液液位传感器线路连接端子定义

端子	说明
SIG	冷却液液位至车身域控制器（BDC）的信号
Kl.31	电子接地线

(4) 标准值　见表 3-2-8。

表 3-2-8　冷却液液位传感器标准值

参数	标准值
间歇供电电压（10Hz）	3.3V
温度范围	$-20 \sim 80℃$

5. 冷却液温度传感器

（1）安装位置　冷却液温度传感器（图 3-2-12）根据不同的发动机一般安装在发动机缸体水道、缸盖水道、上出水管、发动机出水口、节温器前等处，与冷却液接触，用来检测发动机的冷却液温度。

（2）工作原理　冷却液温度传感器将冷却液温度和发动机机油温度转换成一个电气参数（电阻）。为此使用一个具有负温度系数（NTC）的电阻。冷却液温度还适用于下列计算的测量值：喷射量和怠速转速。

进行温度记录时，使用的是与温度有关的电阻器。该电路包括一个分压器，可对其测量与温度有关的电阻值。通过一条传感器专用特性线将电阻值转换成温度值。在冷却液温度传感器中安装有一个热敏电阻（NTC），其电阻值随温度的上升而下降。

此电阻值根据温度在 217kΩ～37Ω 的范围内变化，对应 -55～155℃ 的温度值。

（3）线路连接　冷却液温度传感器通过一个 2 芯插头进行连接（图 3-2-13）。此电阻是一个由发动机控制系统提供 5V 供电的分压器电路的部件。线路连接端子定义见表 3-2-9。

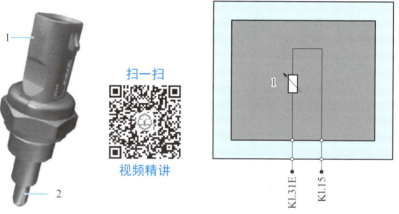

图 3-2-12　冷却液温度传感器
1—2 芯插头；2—冷却液温度传感器

图 3-2-13　冷却液温度传感器线路连接
1—热敏电阻

表 3-2-9　冷却液温度传感器线路连接端子定义

端子	说明
Kl.31E	电子接地线
Kl.15	总线端

（4）特性线及标准值　电阻取决于冷却液温度。在发动机控制单元中存储了一个表格，此表格说明每个电阻值的对应温度值，借此可补偿电阻和温度之间的非线性关系。

❶ 特性线　如图 3-2-14 所示。

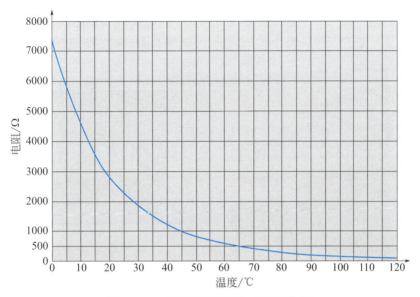

图 3-2-14　冷却液温度传感器特性线

❷ 标准值　见表 3-2-10。

表 3-2-10　冷却液温度传感器标准值

参数	标准值
25℃时的额定电阻	2252Ω±1.5 %
电流消耗	1mA
响应时间	15s
温度分辨率	±1℃
最大输出电流	20mA
温度范围	-40 ～ 150℃

6. 文丘里喷嘴压力传感器

（1）安装位置　通过吸管内的真空生成吹洗空气流动。为了在增压过程中也可以吹洗，通过文丘里喷嘴生成真空。文丘里喷嘴通过在增压空气冷却器后方获取并在压缩机前方又被引入的空气流量驱动。燃油箱排气管内的文丘里喷嘴压力传感器（图 3-2-15）用于诊断燃油箱排气系统的第二引入点。

（2）工作原理　采用应变仪进行压力测量。施加压力时，传感器中装有应变仪的金属膜会发生变形。应变仪的电阻变化将通过一个测量电桥，以电子方式进行记录并分析。然后，所测得的电压将作为实际值输入燃油箱排气系统诊断中。

文丘里喷嘴压力传感器是压差传感器（图 3-2-15）。

（3）线路连接　文丘里喷嘴压力传感器通过 3 芯插头进行连接（图 3-2-16）。文丘里喷嘴压力传感器由发动机控制系统提供 5V 电压。线路连接端子定义见表 3-2-11。

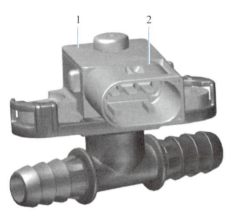

图 3-2-15　文丘里喷嘴压力传感器
1—文丘里喷嘴压力传感器；2—3 芯插头

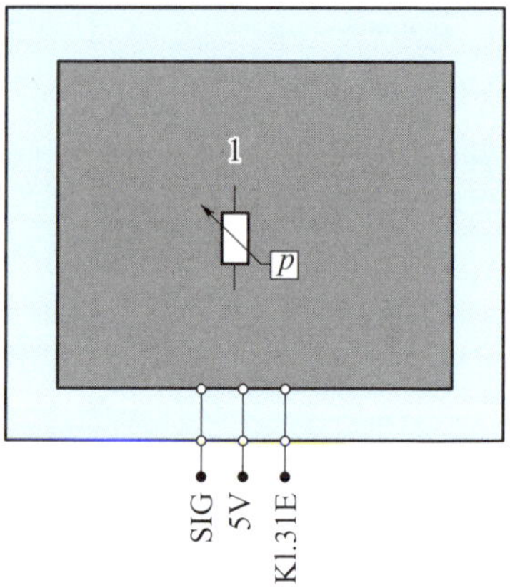

图 3-2-16　文丘里喷嘴压力传感器线路连接
1—文丘里喷嘴压力传感器

表 3-2-11　文丘里喷嘴压力传感器线路连接端子定义

端子	说明
SIG	文丘里喷嘴压力传感器信号
5V	5V 供电电压
Kl.31E	电子接地线

（4）特性线及标准值

❶ 特性线　文丘里喷嘴压力传感器信息通过信号线传送到发动机控制系统。可分析的真空度信号根据压力发生波动。测量范围为 0.5～4.5 V，对应 -0.8～0.05bar（-80～5kPa）的真空（图 3-2-17）。

❷ 标准值　见表 3-2-12。

表 3-2-12　文丘里喷嘴压力传感器标准值

参数	标准值
电压范围	0.5～4.5V
压力测量范围	-0.8～0.05bar（-80～5kPa）
最大输出电流	10mA
温度范围	-40～130℃

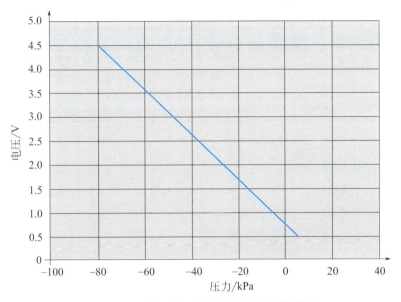

图 3-2-17　文丘里喷嘴压力传感器特性线

7. 进气压力传感器

（1）安装位置　进气压力传感器（图 3-2-18）用螺栓拧在进气装置上。进气压力传感器用于计算吸入的空气量。此压力还用作负荷信号的替代值。

（2）工作原理　采用应变仪进行压力测量。施加压力时，传感器中装有应变仪的金属膜会发生变形。应变仪的电阻变化将通过一个测量电桥，以电子方式进行记录并分析。然后，所测得的电压将作为实际值输入增压压力调节装置中。

（3）线路连接　进气压力传感器通过一个 3 芯插头进行连接（图 3-2-19）。该传感器由发动机控制系统提供 5V 电压。线路连接端子定义见表 3-2-13。

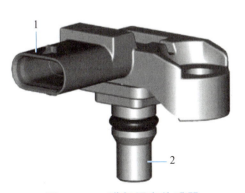

图 3-2-18　进气压力传感器

1—3 芯插头；2—进气压力传感器

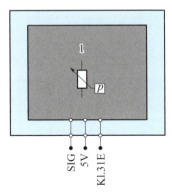

图 3-2-19　进气压力传感器线路连接

1—进气压力传感器

表 3-2-13　进气压力传感器线路连接端子定义

端子	说明
SIG	进气压力信号
5V	5V 供电电压
Kl.31E	电子接地线

（4）特性线及标准值

❶ 特性线　进气压力信号通过一根信号线传送到发动机控制系统。可分析的进气压力信号根据压力发生波动。测量范围为 0.5～4.5V，对应 0.2～1.5bar（20～150kPa）的进气压力（图 3-2-20）。

❷ 标准值　见表 3-2-14。

扫一扫

视频精讲

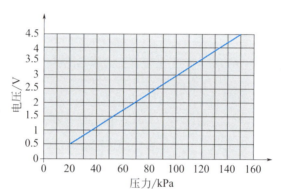

图 3-2-20　进气压力传感器特性线

表 3-2-14　进气压力传感器标准值

参数	标准值
电压范围	0.5～4.5V
进气压力测量范围	0.2～1.5bar（20～150kPa）
最大输出电流	15mA
温度范围	-40～130℃

8. 进气温度 / 进气压力传感器

（1）安装位置　进气温度 / 进气压力传感器（图 3-2-21）用螺栓拧紧在进气集气箱上。这一组合式传感器向发动机控制系统提供以下信息：节气门后的温度、节气门后的进气压力。进气温度 / 进气压力传感器用于计算所吸入的空气量。此压力还用作负荷信号的替代值。

（2）工作原理

❶ 进气温度传感器　进行温度记录时，使用的是与温度有关的电阻器。该电路包括一个分压器，可对其测量与温度有关的电阻值。通过一条传感器特有的特性线转换成温度值。在进气温度传感器中安装有一个热敏电阻（NTC），其电阻值随温度的上升而下降。此电阻值根据温度在 167kΩ～150Ω 的范围内变化，对应 -40～130℃ 的温度值。

❷ 进气压力传感器　采用应变仪进行压力测量。施加压力时，传感器中装有应变仪的金属膜会发生变形。应变仪的电阻变化将通过一个测量电桥，以电子方式进行记录并分析。然后，所测得的电压将作为实际值输入增压压力调节装置中。

（3）线路连接　进气温度/进气压力传感器通过一个4芯插头进行连接（图3-2-22）。该传感器由发动机控制系统提供 5V 电压。线路连接端子定义见表 3-2-15。

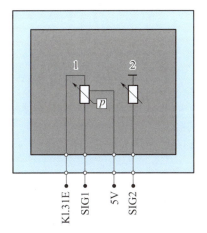

图 3-2-21　进气温度/进气压力传感器　　图 3-2-22　进气温度/进气压力传感器线路连接
1—进气温度/进气压力传感器；2—4芯插头　　1—进气压力传感器；2—进气温度传感器

表 3-2-15　进气温度/进气压力传感器线路连接端子定义

端子	说明
Kl.31E	电子接地线
SIG1	进气压力信号
5V	5V 供电电压
SIG2	进气温度信号

（4）特性线及标准值

❶ 特性线　进气压力信号通过一根信号线传送到发动机控制系统。可分析的进气压力信号根据压力发生波动。测量范围为 0.5～4.5V，对应 0.15～1.2bar

（15～120kPa）的进气压力（图3-2-23）。

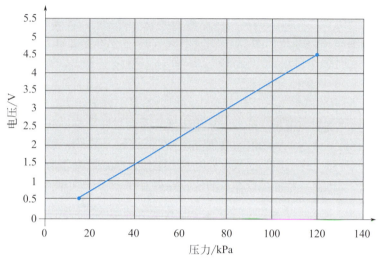

图3-2-23　进气压力传感器特性线

进气温度传感器的电阻随着温度在167kΩ～150Ω的范围内变化，对应-40～130℃的温度。

❷ 标准值　见表3-2-16。

表3-2-16　进气温度/进气压力传感器标准值

参数	标准值
进气压力传感器电压范围	0.5～4.5 V
进气压力测量范围	0.15～1.2bar（15～120kPa）
进气温度分辨率	±1℃
最大输出电流	15mA
温度范围	-40～130℃

9. 爆震传感器

（1）安装位置　爆震传感器（图3-2-24）固定在曲轴箱上。爆震传感器监控所有气缸。爆震传感器用于记录固体声振动（敲击）。敲击式燃烧会损坏发动机。爆震传感器的数据令发动机控制系统可以采取应对措施。在汽油发动机中，在特定条件下可能变成响铃式燃烧过程。该响铃式燃烧过程将降低最早可能出现的点火时刻，并由此限制发动机的功率和效率,这一不希望见到的燃烧过程称为爆震,它是由于尚未被火焰前端接触到的混合气自燃产生的结果。正常燃烧和通过活塞的压缩引起压力和温度升高,从而导致尚未燃烧的混合气自燃。这时,所出现的火焰速度将超过 2000m/s,而正常燃烧时,该速度仅为约 30m/s。

爆震可能的原因:燃油等级不良;气缸进气压力高;进气温度和发动机温度过高;压缩比过高。

(2)工作原理 在较长时间持续爆震时,压力波和热负荷可能在气缸盖密封件上、活塞上和气门区域内引起机械损坏。爆震燃烧的特征性振动可通过爆震传感器接收,转换为电信号,并被输送到发动机控制系统。在发动机控制系统中,将对这些信号进行处理,以使它们与相应的气缸进行对应。

(3)线路连接 信号的转换通过一块压电陶瓷片进行。通过压力在陶瓷内部产生电荷移动,从而产生电压。该电压通过接触片获取。爆震传感器线路连接如图 3-2-25 所示。线路连接端子定义见表 3-2-17。

图 3-2-24 爆震传感器
1—爆震传感器;2—2 芯插头

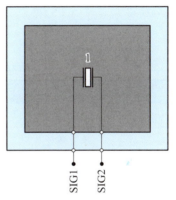

图 3-2-25 爆震传感器线路连接
1—气缸爆震传感器

表 3-2-17 爆震传感器线路连接端子定义

端子	说明
SIG1	信号差 1
SIG2	信号差 2

(4)特性线及标准值

❶ 特性线 爆震传感器在最高约为 20kHz 的频率范围内显示出线性特征。传感器自身的谐振频率出现在一个高得多的频率下(大于 30kHz)。通常超过 7kHz 就有爆震信号(图 3-2-26)。

❷ 标准值　见表 3-2-18。

扫一扫

视频精讲

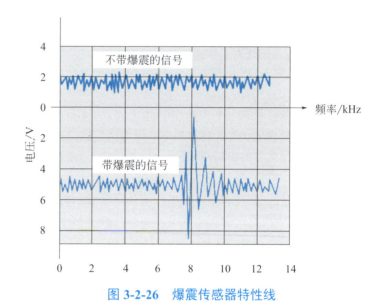

图 3-2-26　爆震传感器特性线

表 3-2-18　爆震传感器标准值

参数	标准值
电压范围	4.5 ～ 5.5V
频率范围	7 ～ 25kHz
最大输出电流	20mA
车外温度	-40 ～ 150℃

10. 增压空气温度传感器

（1）安装位置　增压空气温度传感器（图 3-2-27）安装在增压空气冷却器和节气门之间的增压空气管上。增压空气温度传感器感测由涡轮增压器压缩并由增压空气冷却器冷却的新鲜空气的温度。

（2）工作原理　进行温度记录时，使用的是与温度有关的电阻器。该电路包括一个分压器，可对其测量与温度有关的电阻值。通过一条传感器专用特性线将数值转换成温度值。在增压空气温度传感器中安装有一个热敏电阻（NTC），其电阻值随温度的上升而下降。此电阻值根据温度在 76kΩ ～ 88Ω 的范围内变化，对应 -40 ～ 120℃的温度值。

（3）线路连接　增压空气温度传感器通过一个 2 芯插头进行连接（图 3-2-28）。传感器由发动机控制系统提供接地电压。线路连接端子定义见表 3-2-19。

图 3-2-27 增压空气温度传感器
1—增压空气温度传感器；2—增压空气管；
3—2 芯插头

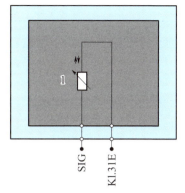

图 3-2-28 增压空气温度传感器线路连接
1—增压空气温度传感器

表 3-2-19 增压空气温度传感器线路连接端子定义

端子	说明
SIG	增压空气温度信号
Kl.31E	电子接地线

（4）特性线及标准值

❶ 特性线　通过一条信号线向发动机控制系统传递增压空气温度信息（图3-2-29）。空气质量的替代计算会涉及增压空气温度，从而核实热膜式空气质量计的数值。热膜式空气质量计失灵时，替代值用于燃油量和废气再循环率的计算。

❷ 标准值　见表 3-2-20。

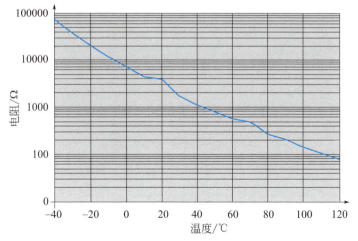

图 3-2-29 增压空气温度传感器特性线

表 3-2-20　增压空气温度传感器标准值

参数	标准值
电压范围	0.3～3.3V
响应时间	小于 25 s
进气温度分辨率	±1℃
最大电流消耗	10 mA
温度范围	-40～120℃

11. 前氧传感器（宽带氧传感器）

（1）安装位置　安装在三元催化器前，一般安装在排气歧管上。前氧传感器（图 3-2-30）是一个宽带氧传感器（调控用传感器）。此宽带氧传感器不断测量废气中的残余氧含量。残余氧含量的摆动值作为电压信号传送给发动机控制单元。发动机控制系统通过喷射修正混合气成分。

（2）工作原理　宽带氧传感器的传感机构由二氧化锆陶瓷层（层压板）组成。层压板中插入的加热元件确保快速加热到至少 760℃的必要工作温度。宽带氧传感器具有两个单元：一个测量元件和一个参考元件。这两个元件上涂有铂电极。

为了实现完全而完美的燃烧，需要的空燃比为 14.7（1kg 燃油和约 14.7kg 空气）。实际输送的空气质量与化学计算的空气质量之间的比称为空气过量系数。在车辆正常运行时空气过量系数会摆动。发动机在空气不足（空气过量系数约为 0.9，浓混合气）时具有最佳功率。发动机在空气过量（空气过量系数约为 1.1，稀混合气）时油耗最低。当混合气在空气过量系数为 1 时，废气催化转换器可最佳地减少有害物质的排放。转换率（即已转换的有害物质）在先进的废气催化转换器上可达 98%至几乎 100%。油气混合气的最佳成分由发动机控制系统调节。氧传感器这时提供关于废气成分的基本信息。

（3）线路连接　在泵元件上施加一个电压，于是很多氧气被抽送到测量元件中，直到测量元件的电极之间出现一个 450mV 的电压为止。产生的泵电流是空燃比的测量值。可在燃烧室内建立每个希望的空燃比。前氧传感器线路连接如图 3-2-31 所示。线路连接端子定义见表 3-2-21。

（4）特性线及标准值

❶特性线　前氧传感器的特点是自空气过量系数为 0.65 起扩大的测量范围（图 3-2-32）。新的调控用传感器其他优点是较高的温度耐受性、响应时间缩短到 30ms 以下，以及较高的信号精确度。

❷标准值　见表 3-2-22。

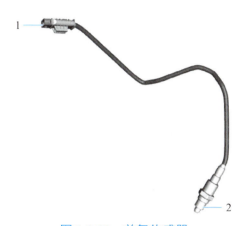

图 3-2-30 前氧传感器

1—5 芯插头；2—宽带氧传感器

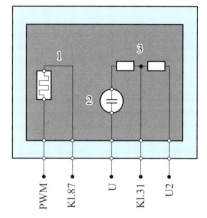

图 3-2-31 前氧传感器线路连接

1—氧传感器加热装置；2—参考元件（Nernst 元件）；3—测量元件（Nernst 和泵元件）

表 3-2-21 前氧传感器线路连接端子定义

端子	说明
PWM	氧传感器加热装置按脉冲宽度调制的控制
Kl.87	蓄电池电压，总线端 Kl.15 接通
U	参考元件电压
Kl.31	虚拟接地
U2	泵室电压

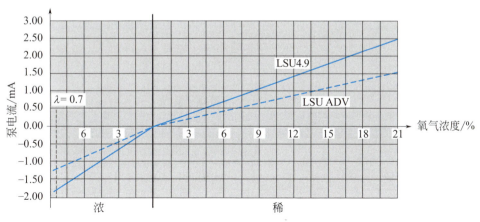

图 3-2-32 前氧传感器特性线

表 3-2-22 前氧传感器标准值

参数	标准值
氧传感器加热装置电压范围	10.7～16.5V
氧传感器加热装置不超过 5s 的电压	12V
氧传感器加热装置不超过 6.5s 的电压	9V
工作温度	760℃
20℃时的加热电阻	2.0～3.2Ω
最大空气泵电流	1.5mA

12. 后氧传感器（监控型氧传感器）

（1）安装位置　监控用传感器（图 3-2-33）在三元催化器后面，用于三元催化器诊断。监控用传感器能可靠地识别空气过量系数为 1 的偏差。但监控用传感器不能确定混合气浓度偏差的大小。

（2）工作原理　在废气催化转换器后装有第二个氧传感器（监控用传感器）。废气催化转换器具有较高的氧气存储能力，因此在废气催化转换器后只有少量氧气。监控用传感器输出几乎恒定的（经平缓处理的）电压。随着不断老化，废气催化转换器的氧气存储能力下降。监控用传感器于是越来越频繁地通过电压波动对空气过量系数偏差作出反应。这种特性可通过一项专用的诊断功能用于废气催化转换器监控。通过排放警示灯显示废气催化转换器的功能异常。

因为即使在用浓混合气运行时废气中依然含有残余氧气，在外部电极和内部电极之间会出现一个电压。为了使基准参数保持不变，参考空气道与大气保持连接，基准参数就是大气的氧含量。

（3）线路连接　保护层可防止由于废气中的残留物而可能使外部电极损坏。二氧化锆（ZrO_2）陶瓷层自约 350℃起可传导氧离子。为了使氧传感器尽快达到运行温度，集成了一个加热元件。后氧传感器线路连接如图 3-2-34 所示。线路连接端子定义见表 3-2-23。

表 3-2-23 线路连接端子定义

端子	说明
PWM	氧传感器加热装置按脉冲宽度调制的控制
Kl.87	蓄电池电压，总线端 Kl.15 接通
Kl.31	测量元件接地
U1	测量元件电压

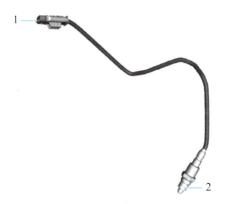

图 3-2-33　后氧传感器

1—4 芯插头；2—监控型氧传感器

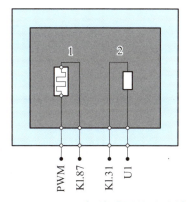

图 3-2-34　后氧传感器线路连接

1—氧传感器加热装置；2—测量元件

（4）特性线及标准值

❶ 特性线　通过一个对应空气过量系数为 1 时的混合气成分的残余氧气含量，测量元件上的电压测量显示一个 450mV 的电压（图 3-2-35）。空气过量系数为 1 时废气成分最理想。

❷ 标准值　见表 3-2-24。

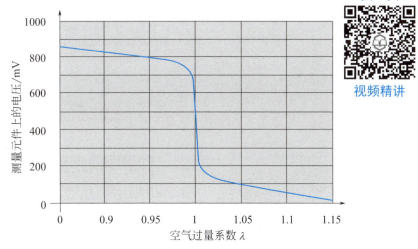

图 3-2-35　后氧传感器特性线

表 3-2-24　后氧传感器标准值

参数	标准值
氧传感器加热装置电压范围	10.7～16.5V
工作温度	350℃

续表

参数	标准值
20℃时的加热电阻	(9±2) Ω
最大空气泵电流	2.2～2.6mA

13. 电动节气门

(1) 安装位置　节气门调节器（图3-2-36）固定在进气集气箱上。DME控制单元根据下列参数计算出节气门的位置：加速踏板模块的位置；其他控制单元的转矩要求。节气门调节器由DME控制单元以电动方式打开或关闭。

(2) 工作原理　节气门开启角度由节气门调节器中的两个霍尔传感器监控，一个电动伺服电机带动节气门移动，通过一个基本频率为1000Hz的脉冲宽度调制信号控制这个伺服电机。

节气门具有0°～90°的机械调节范围，但最大只可移动到81°（对应于节气门100％打开）。在不通电状态下，节气门由两个节气门复位弹簧保持在约5.2°的紧急空气点。这两个弹簧也用于发生故障（控制已停用）时将节气门复位到该位置。

DME控制单元借助测得的实际位置将要求的节气门开启角度标准值转换为控制命令。

诊断监控两个霍尔传感器的电气功能（对地短路、对正极短路和断路）以及传感器信号的可信度。只要满足下列条件，诊断就连续进行：总线端Kl.15接通；未识别到任何电气故障。

(3) 线路连接　霍尔传感器是非接触式传感器。出于安全考虑，霍尔传感器提供相互反向的信号（冗余）。第二个传感器在所有工作点下提供镜像电压值。电动节气门线路连接如图3-2-37所示。线路连接端子定义见表3-2-25。

图3-2-36　电动节气门

1—节气门；2—节气门调节器；3—6芯插头

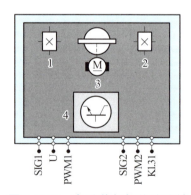

图3-2-37　电动节气门线路连接

1—霍尔传感器1；2—霍尔传感器2；3—带节气门的电动节气门调节器；4—带电子分析系统的电子芯片

表 3-2-25　电动节气门线路连接端子定义

端子	说明
SIG1	霍尔传感器 1 信号
U	霍尔传感器供电
PWM1	控制电动节气门调节器
SIG2	霍尔传感器 2 信号
PWM2	控制电动节气门调节器
Kl.31	接地端（DME）

（4）特性线及标准值

❶ 特性线　发动机控制单元从霍尔传感器处得到 0～5V 之间的一个测量值。DME 控制单元借助学习到的下部极限位置和可设码的上升比率计算节气门开启角度下的电压。此诊断监控两个信号的下部和上部电压极限（图 3-2-38）。

❷ 标准值　见表 3-2-26。

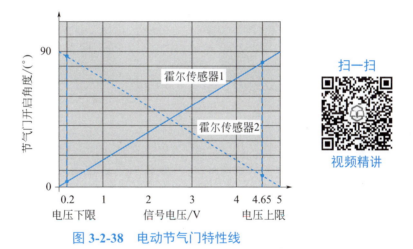

图 3-2-38　电动节气门特性线

表 3-2-26　电动节气门标准值

参数	标准值
伺服电机频率范围	400～16000Hz
霍尔传感器供电电压	4.5～5.5V
霍尔传感器信号电压	0～5V
霍尔传感器电流消耗	10mA
霍尔传感器和伺服电机温度范围	-40～140℃

14. 发动机机油温度传感器

（1）安装位置　发动机机油温度传感器（图3-2-39）旋入主机油道中。发动机机油温度传感器将发动机机油的温度转换为一个电量（电阻）。对此使用一个具有负温度系数（NTC）的电阻。其中，变速器油温是用于下列计算的测量值：喷射量和怠速转速。

（2）工作原理　进行温度记录时，使用的是与温度有关的电阻器。该电路包括一个分压器，可对其测量与温度有关的电阻值，通过一条传感器特有的特性线转换成温度值。发动机机油温度传感器中安装有一个热敏电阻（NTC），其电阻值随温度的上升而下降。此电阻值根据温度在217kΩ～37Ω的范围内变化，对应于-55～155℃的温度。

（3）线路连接　发动机机油温度传感器通过一个2芯插头进行连接（图3-2-40）。线路连接端子定义见表3-2-27。

图3-2-39　发动机机油温度传感器　　图3-2-40　发动机机油温度传感器线路连接
1—发动机机油温度传感器；2—2芯插头　　1—发动机机油温度传感器

表3-2-27　发动机机油温度传感器线路连接端子定义

端子	说明
SIG	发动机机油温度传感器信号
Kl.31E	电子接地线

（4）特性线及标准值

① 特性线　通过一条信号线将机油温度信息传送到发动机控制系统。机油温度用于计算喷油量以及怠速转速。发动机机油温度传感器在车辆启动后十分迅速地为发动机控制系统提供一个可用信号（图3-2-41）。

❷ 标准值　见表 3-2-28。

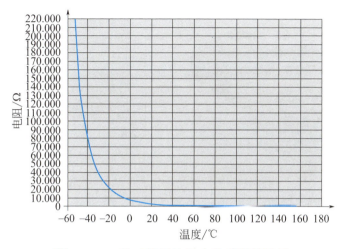

图 3-2-41　发动机机油温度传感器特性线

表 3-2-28　发动机机油温度传感器标准值

参数	标准值
信号电压	0.1～3.3V
最大负载电流	1mA
响应时间	<15s
温度范围	-40～150℃

15. 发动机机油压力传感器

（1）安装位置　发动机机油压力传感器（图 3-2-42）一般安装在发动机后面，缸体上，机油滤芯座旁边的主油道上。如果机油压力下降过大，组合仪表内的机油压力指示灯便会亮起。

（2）工作原理　发动机机油压力传感器通过电容测量方法测出绝对压力。绝对压力是进行精确油压调节所必需的。发动机机油压力传感器中有一个含金片的陶瓷架。通过油道所施加的油压使金片彼此之间的距离产生变化，从而改变电容。电容量在电子分析装置中进行测量。经过分析的数据作为输入信号发送到发动机控制单元，用以调节机油压力。

（3）线路连接　发动机机油压力传感器通过一个 3 芯插头连接（图 3-2-43）。发动机控制单元为传感器提供 5V 电压和接地。线路连接端子定义见表 3-2-29。

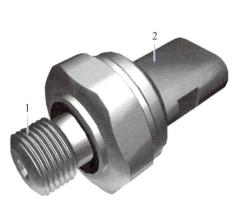

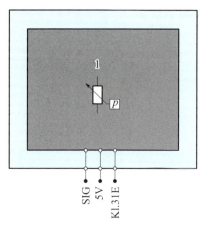

图 3-2-42　发动机机油压力传感器　　图 3-2-43　发动机机油压力传感器线路连接

1—发动机机油压力传感器；2—3 芯插头　　　1—发动机机油压力传感器

表 3-2-29　发动机机油压力传感器线路连接端子定义

端子	说明
SIG	发动机机油压力传感器信号
5V	5V 供电电压
Kl.31E	电子接地线

（4）特性线及标准值

❶ 特性线　油压信息通过信号线传送至发动机控制单元。机油压力的有效信号根据压力变化而波动。0.5～4.5V 的测量范围相当于 0.5～10.5bar（50～1050kPa）的油压（图 3-2-44）。

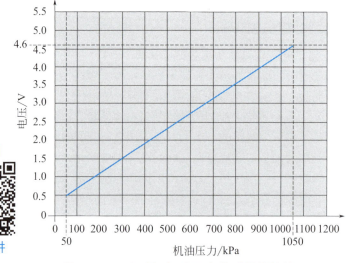

图 3-2-44　发动机机油压力传感器特性线

❷ 标准值　见表 3-2-30。

表 3-2-30　发动机机油压力传感器标准值

参数	标准值
供电电压	4.75～5.25V
油压测量范围	0.5～10.5bar（50～1050kPa）
最大电流消耗	0.1mA
温度范围	−40～150℃

16. 发动机机油油位传感器

（1）安装位置　发动机机油油位传感器（图 3-2-45）固定在油底壳上，可从下部拆装。

（2）工作原理　在带有发动机机油油位传感器的车辆上不再使用油尺。为这些发动机设计了电子油位检查。显示也采用了新方案。发动机机油油位传感器由一个电子分析装置和一个量管组成，机油位于量管内。

电子分析装置发射超声波脉冲。这些超声波脉冲在机油至空气的分界处反射（回声脉冲）。电子分析装置接收并放大这些回声脉冲。接着这些被放大过的回声脉冲被转换成一种数字信号。声波返回的距离决定了回声延时，电子分析装置根据回声延时计算油位。机油变化（例如老化或异物进入机油中）以及机油温度会影响信号延迟，在油位传感器内进行补偿。这些信号按脉冲宽度调制方式发送给发动机控制系统。

（3）线路连接　发动机机油油位传感器通过一个 3 芯插头与发动机控制系统连接（图 3-2-46）。发动机机油油位传感器由总线端 Kl.15（或总线端 Kl.30B）和总线端 Kl.31 供电。用于测量的电子装置包含在电子单元内，采用超声波探测技术工作。线路连接端子定义见表 3-2-31。

图 3-2-45　发动机机油油位传感器
1—量管；2—发动机机油油位传感器；3—3 芯插头

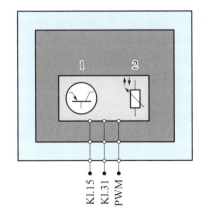

图 3-2-46　发动机机油油位传感器线路连接
1—带有电子分析系统的电子芯片；2—温度传感器

表 3-2-31　发动机机油油位传感器线路连接端子定义

端子	说明
Kl. 15	总线端（或总线端 Kl.30B）
Kl.31	接地线
PWM	脉冲宽度调制信号

（4）标准值　见表 3-2-32。

表 3-2-32　发动机机油油位传感器标准值

参数	标准值
电压范围	9～16V
油位测量范围（取决于机动化装置）	18～147mm
测量精度	±2mm
温度范围	-40～160℃

17. 热膜式空气质量计

（1）安装位置　热膜式空气质量计（图 3-2-47）安装在空气滤清器与节气门体之间的管路上。

（2）工作原理　热膜式空气质量计提供一个以频率设码的输出信号。此时相对应的是一个低空气质量流量的低频率和一个高空气质量流量的高频率。设计热膜式空气质量计的特性线范围和动态性，确保能识别到回流（吸管中的动态波动）并在数值以及流动方向上进行处理。通过发动机控制设备中保存的特性线将周期信号换算成空气质量流量。

热膜式空气质量计有一个分为两部分的导流件。利用洁净空气的离心力分离水和颗粒。在一个导流件中，待测量的洁净气流传送到测量元件。在另一个导流件中导出水和颗粒。

吸入空气的质量流量不再直接通过热膜式空气质量计进行测量，而是由发动机控制单元进行计算。用下列参数修正计算出的空气质量流量：氧传感器信号（空燃比）、喷射时间（燃油量）。

如果氧传感器失灵，会在发动机控制单元故障码存储器中记录一个故障（空气质量流量验证）。在这种情况下取消空气质量流量校准。

（3）线路连接　热膜式空气质量计的最新一代产品借助 SENT 信号将传感器信号发送至控制单元（图 3-2-48）。SENT 接口为双向。进气温度传感器依旧存在。在

SENT 信号中一起传输其传感器信号。SENT 信号由美国汽车制造商指定。它的特点在于其简单性，且在非屏蔽三线连接上工作，通过传感器还接收其供电电压。线路连接端子定义见表 3-2-33。

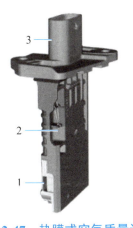

图 3-2-47　热膜式空气质量计

1—热膜式空气质量计；2—进气温度传感器；3—4 芯插头

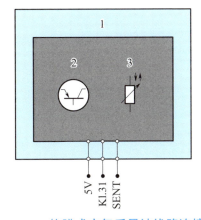

图 3-2-48　热膜式空气质量计线路连接

1—热膜式空气质量计；2—电子分析装置；3—进气温度传感器

表 3-2-33　热膜式空气质量计线路连接端子定义

端子	说明
5V	5V 供电电压
Kl.31	接地
SENT	SENT 信号

（4）信号曲线及标准值

❶ 信号曲线　空气质量流量的信号（图 3-2-49）品质取决于温度。要准确确定空气质量流量，需要有高精度。因此，发动机控制单元所接收到的空气质量流量信号必须通过外部进气温度传感器信号进行修正。

❷ 标准值　见表 3-2-34。

表 3-2-34　热膜式空气质量计标准值

参数	标准值
供电电压	5V
最大电流消耗	0.02A
温度范围	−40～140℃

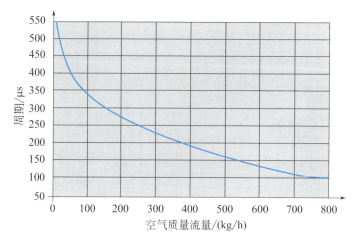

图 3-2-49　热膜式空气质量计信号曲线

二、执行器故障诊断

1. 电气减压装置阀门

（1）安装位置　电气减压装置阀门（图 3-2-50）安装在废气涡轮增压器上。废气涡轮增压器的增压压力通过电气减压装置阀门调节。

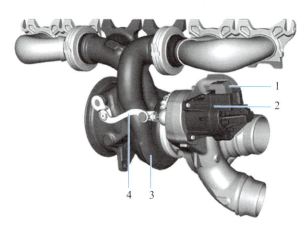

图 3-2-50　电气减压装置阀门

1—5 芯插头；2—电气减压装置阀门；3—废气涡轮增压器；4—推杆

（2）工作原理　发动机控制通过电气减压装置阀门调节增压压力。电气减压装置阀门由一个直流电机调整。电机通过推杆与机械阀门连接，由发动机控制系统控制。线性霍尔传感器探测电机位置。霍尔传感器将位置反馈给发动机控制系统。

（3）线路连接　电气减压装置阀门通过一个 5 芯插头进行连接（图 3-2-51）。线性霍尔传感器由发动机控制系统供电。电机通过一个按脉冲宽度调制的信号（100%）控制。线路连接端子定义见表 3-2-35。

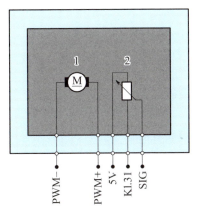

图 3-2-51　电气减压装置阀门线路连接
1—电气减压装置阀门；2—线性霍尔传感器

表 3-2-35　电气减压装置阀门线路连接端子定义

端子	说明
PWM -	控制电机负极
PWM +	控制电机正极
5V	霍尔传感器电源供应
Kl. 31	霍尔传感器接地
SIG	霍尔传感器信号

（4）标准值　见表 3-2-36。

表 3-2-36　电气减压装置阀门标准值

参数	标准值
电压范围	9～16V
脉冲负载参数	100%
电机最大电流消耗	6.6A
霍尔传感器供电电压	4.5～5.5V
霍尔传感器信号电压	4.5～5.5V
温度范围	-40～150℃

2. 节气门调节器

（1）安装位置　节气门调节器（图3-2-52）固定在进气集气箱上。在关闭发动机时，节气门关闭，这样可减小发动机在关闭过程中的振动。其另外一项功能是防止发动机过度旋转。如果数字式柴油发动机电子装置（DDE）识别到转速提高而喷射量未提高，则关闭节气门以限定转速。

（2）工作原理　节气门调节器由DDE控制单元电动打开或关闭。为了保证节气门的最佳控制，必须不断探测其精确位置。为此，在节气门调节器中由节气门传感器对节气门位置进行非接触式监控。在断电状态下，节气门被节气门调节器中的弹力打开。

（3）线路连接　节气门调节伺服电机是一种直流电机。节气门传感器是一个霍尔传感器。该霍尔传感器用于测定伺服电机运行的圈数，据此计算出节气门位置。节气门调节器线路连接如图3-2-53所示。线路连接端子定义见表3-2-37。

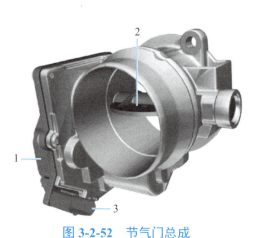

图3-2-52　节气门总成

1—节气门调节器；2—节气门；3—5芯插头

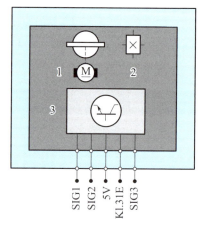

图3-2-53　节气门调节器线路连接

1—节气门调节器与节气门；2—霍尔传感器；3—带有电子分析系统的电子芯片

表3-2-37　节气门调节器线路连接端子定义

端子	说明
SIG1	节气门调节器正极控制
SIG2	节气门调节器负极控制
5V	节气门传感器电源供应
Kl.31E	节气门传感器电子接地线
SIG3	节气门传感器信号

（4）信号曲线及标准值

❶ 特性线　节气门传感器由 DDE 提供 5V 电压和接地。在控制伺服电机时，将使用桥接电路（H 电桥），从而可以对伺服电机进行反向控制。通过诊断系统对桥接电路进行监控。H 电桥是一种以大写字母 H 的形式连接五个换挡元件的电路。节气门调节器信号曲线如图 3-2-54 所示。

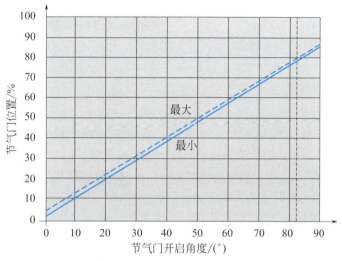

图 3-2-54　节气门调节器信号曲线

❷ 标准值　见表 3-2-38。

表 3-2-38　节气门调节器标准值

参数	标准值
伺服电机供电电压	5V
伺服电机控制频率	1300Hz
伺服电机失速电流	4A
节气门传感器供电电压	4.5～5.5V
节气门传感器电流消耗	10mA
节气门传感器和伺服电机温度范围	-40～140℃

3. 凸轮轴调节阀

（1）安装位置　凸轮轴调节阀（图 3-2-55）安装在发动机气门室盖上。

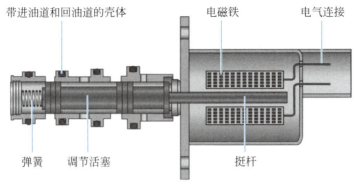

图 3-2-55 凸轮轴调节阀

（2）工作原理　凸轮轴调节阀（凸轮轴正时机油控制阀）的作用是根据发动机 ECM 的控制信号控制滑阀位置，从而控制油流是通往 VVT 相位控制器提前工作腔还是延迟工作腔，并控制油流的流量。发动机曲轴位置传感器、空气质量流量计、节气门位置传感器、冷却液温度传感器、凸轮轴位置传感器和车速传感器等将信息传递给 ECU，ECU 根据这些信息与预定存储在 ECU 内部的参数值进行对比、修正，确立气门正时目标值，然后将计算出的目标值信号发送给凸轮轴正时机油控制阀（OCV），OCV 根据 ECU 信号调节其阀芯的位置，即改变液压流量，把提前、滞后、保持不变等信号以油压方式反馈至 VVT 相位控制器的不同油道上。VVT 相位控制器通过调整凸轮轴转动角度，从而达到调整进气（排气）量和气门开合时间、角度，使进入的空气量达到最佳，提高燃烧效率。

（3）线路连接　如图 3-2-56 所示。

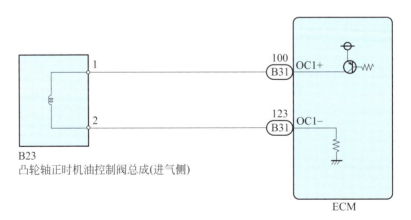

图 3-2-56 凸轮轴调节阀线路连接
OC1+—正极电源；OC1-—接地

（4）标准值　见表 3-2-39。

表 3-2-39 凸轮轴调节阀标准值

万用表连接	条件	规定状态
1-2	20℃	6.9～7.9Ω

4. 活性炭罐电磁阀

（1）安装位置　活性炭罐电磁阀（图 3-2-57）安装在活性炭罐与进气歧管之间。

图 3-2-57　活性炭罐电磁阀

（2）工作原理　由于油箱的密闭性，燃料消耗会造成油箱内部产生负压，在负压的作用下，汽油会比在常压下更容易挥发。当发动机关闭时，炭罐会将挥发的汽油蒸气和空气混合储存在炭罐内的活性炭微孔中，防止汽油蒸气散发到大气中。在发动机启动时，装在活性炭罐与进气歧管之间的电磁阀打开，将炭罐内的汽油蒸气作为燃料输送到发动机上参与燃烧。这样既降低了排放，也降低了油耗。

（3）线路连接　活性炭罐电磁阀 1 号端子与发动机控制单元连接，为接地线；活性炭罐电磁阀 2 号端子为电源，电压为 9～14V（图 3-2-58）。

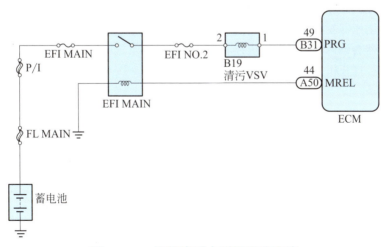

图 3-2-58　活性炭罐电磁阀线路连接

（4）标准值　见表 3-2-40。

表 3-2-40　活性炭罐电磁阀标准值

万用表连接	条件	规定状态
1-2	20℃	23～26Ω

5. 涡轮增压器循环空气减压阀

（1）安装位置　循环空气减压阀（图 3-2-59）直接固定在废气涡轮增压器上。为了避免在节气门突然关闭时（如在换挡过程中）出现剧烈的泵轮振动，循环空气减压阀打开，增压压力被疏导到压缩机的进气侧。

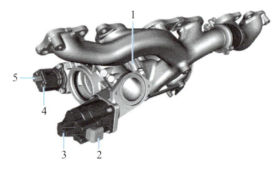

图 3-2-59　涡轮增压器循环空气减压阀

1—废气涡轮增压器；2—5 芯插头；3—电气减压装置阀门；4—循环空气减压阀；5—2 芯插头

（2）工作原理　循环空气减压阀防止朝关闭的节气门"泵送"，因此可改善发动机声音。另外，循环空气减压阀还用于保护废气涡轮增压器免受损坏。其他作用：当节气门重新打开时，废气涡轮增压器迅速启动。要是没有循环空气减压阀，废气涡轮增压器就必须克服关闭的节气门的背压工作并变慢，在节气门打开时废气涡轮增压器会延迟响应。发动机控制系统控制循环空气减压阀。循环空气减压阀有两个位置：打开和关闭（无中间位置）（图 3-2-60）。

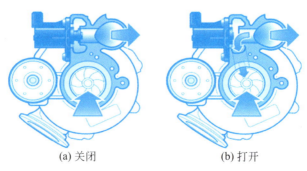

(a) 关闭　　　　　(b) 打开

图 3-2-60　涡轮增压器循环空气减压阀工作原理

（3）线路连接　循环空气减压阀通过一个 2 芯插头进行连接（图 3-2-61）。循环空气减压阀是一个电磁阀。循环空气减压阀通过总线端 Kl.30B 供电。发动机控制系统以接地方式进行控制。线路连接端子定义见表 3-2-41。

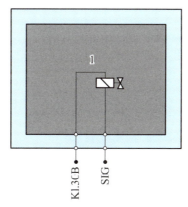

图 3-2-61　涡轮增压器循环空气减压阀线路连接
1—循环空气减压阀

表 3-2-41　涡轮增压器循环空气减压阀线路连接端子定义

端子	说明
Kl.30B	供电
SIG	循环空气减压阀控制

（4）标准值　见表 3-2-42。

表 3-2-42　涡轮增压器循环空气减压阀标准值

参数	标准值
电压范围	8～16V
20℃且 13V 时的响应时间	≤40ms
25℃且 13V 时的电流消耗	约 1A
温度范围	-40～140℃

6. 废气再循环阀

（1）安装位置　废气再循环阀安装在进气歧管的右侧，靠近节气门的位置上，一般有通向排气歧管的短金属管与其相连，使一定数量的废气流入进气歧管内再循环。

（2）工作原理　废气再循环（EGR）就是把发动机排出的废气再引入进气系

统，与新鲜空气混合进入气缸，再次参与燃烧的过程。废气中含有大量的 CO_2 等多原子气体，而 CO_2 等气体不能燃烧，但由于其热容高而吸收大量的热，使气缸中混合气的最高燃烧温度降低，从而减少了 NO_x 的生成量。也可以理解为废气再循环是针对发动机排气中有害气体之一的氮氧化合物所设置的汽车尾气净化装置（图3-2-62）。

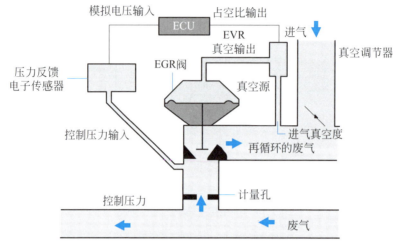

图 3-2-62　带压力反馈电子传感器的废气再循环系统

（3）线路连接　如图 3-2-63 所示。

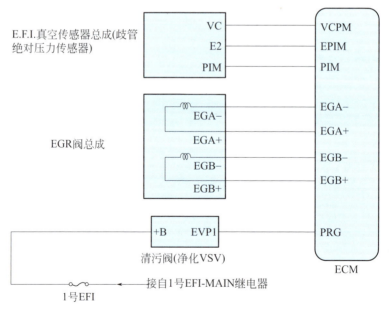

图 3-2-63　废气再循环阀线路连接

（4）性能曲线与标准值

❶ 性能曲线　通常用 EGR 率来表示废气再循环的量，它是进入气缸的废气量占总进气量的百分比。图 3-2-64 所示为 EGR 率与发动机性能的关系，一般情况下，EGR 率控制在 10%～20% 的范围内较合适。

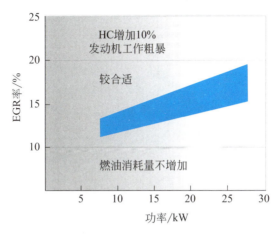

图 3-2-64　EGR 率与发动机性能的关系

❷ 标准值　见表 3-2-43。

表 3-2-43　废气再循环阀标准值

万用表连接	条件	规定状态
（EGA+）-（EGA-）	20℃	3.1～3.7Ω
（EGB-）-（EGB+）	20℃	3.1～3.7Ω

三、控制单元故障诊断

（1）安装位置　发动机控制单元（图 3-2-65）固定在发动机室内。

（2）工作原理　发动机控制单元为传感器和执行器直接供电。线束和发动机之间的六个插头在插入状态下是防水的。

数字式发动机电子伺控系统（DME）是发动机控制装置的计算中心和开关中心。发动机上和车辆上的传感器提供输入信号。根据这些输入信号和 DME 控制单元中通过一个计算模型确定的标准值以及存储的特性线，计算出控制执行器所需的信号。DME 控制单元直接或通过继电器控制执行器。

DME 控制单元通过唤醒导线（总线端 Kl.15 Wake-up）由车身域控制器（BDC）唤醒。车身域控制器（BDC）预定驻车/行驶车辆状态。随着状态切换至"驻车"

开始空转，在滞后运行过程中存储调校值。DME 控制单元通过一个总线信号发出准备好"休眠"的信息。如果所有参与的控制单元都已发出准备好"休眠"的信息，BDC 控制单元发送总线信号并且控制单元结束通信。

在 DME 控制单元的线路板上有两个传感器：一个环境温度传感器和一个环境压力传感器。环境温度传感器用于 DME 控制单元中部件的温度监控。计算混合气成分时需要使用环境压力。

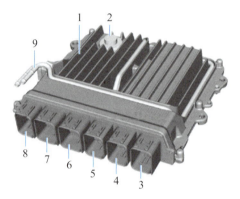

图 3-2-65　发动机控制单元

1—发动机控制单元；2—排气单元；3—模块 6,24 芯（点火开关和喷射）；4—模块 5, 32 芯（集成供电模块）；5—模块 4,32 芯（电子气门控制系统或预热控制）；6—模块 3 （传感器 2）；7—模块 2（传感器）；8—模块 1（线束）；9—冷却管路

（3）线路连接　DME 控制单元是 FlexRay、PT-CAN 和 PT-CAN2 和 K-CAN5 上的总线用户（图 3-2-66）。六个插头的五个与 Nano MQS 触点连接，这些触点的优点是占用面积更小、重量轻、抗振性较强。

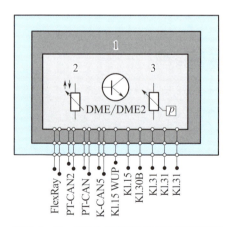

图 3-2-66　发动机控制单元线路连接

1—数字式发动机电子伺控系统（DME）或数字式发动机电子伺控系统 2（DME2）；
2—环境温度传感器；3—环境压力传感器

(4)标准值　见表 3-2-44。

表 3-2-44　发动机控制单元标准值

参数	标准值
供电电压	9～16V
触点的最大加热温度	125℃
温度范围	-40～110℃

第三节　电控汽油喷射系统故障诊断

一、喷油器故障诊断

（1）安装位置　如果发动机采用多点缸外喷射，喷油器的位置在进气歧管靠近进气门处。如果发动机采用缸内喷射（图 3-3-1），喷油器则安装在气缸盖处。喷射装置通过高压将燃油喷入燃烧室。喷射装置向内打开喷射针阀的顶尖，环状间隙决定直接喷射系统的射流形状，并保证其均匀地呈锥形扩散。

（2）工作原理　高压下燃油射入燃烧室在进气行程中进行。在暖机阶段还会继续喷入少量燃油，以便更快达到废气催化转换器的工作温度（废气催化转换器加热装置）。

按照运行情况所必要的燃油量，燃油通过喷嘴喷射到燃烧室中。喷油量可以由三个调节参数影响到：油轨压力；喷射装置打开时间；喷射装置开启行程。打开时间通过喷射信号（喷油时间信号）控制，开启行程通过喷射装置控制装置中的能量进行控制。

（3）线路连接　喷射装置的控制通过一个 65V 的末级进行。喷射装置通过一个 2 芯插头与发动机控制单元连接（图 3-3-2）。线路连接端子定义见表 3-3-1。

表 3-3-1　喷油器线路连接端子定义

端子	说明
65V	喷射装置供电
Kl.31E	电子接地线（喷嘴控制装置）

（4）控制逻辑和标准值

❶ 控制逻辑　喷射装置由发动机控制单元进行控制。控制分为四个阶段：打

开阶段；启动阶段；保持阶段；关闭阶段。

图 3-3-1　缸内喷射喷油器
1—喷射装置；2—直接连接油轨；3—2 芯插头

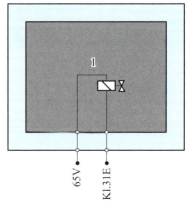

图 3-3-2　喷油器线路连接
1—喷射装置

❷ 标准值　见表 3-3-2。

表 3-3-2　喷油器标准值

参数	标准值
最大供电电压	65V
最大系统压力	350bar（35MPa）
100bar（10MPa）时的流速	25cm/s
100bar（10MPa）时的密度	<2.5mm/min
温度范围	−30 ~ 140℃

二、燃油泵故障诊断

（1）安装位置　燃油泵（图 3-3-3）安装在燃油箱内。电动燃油泵由燃油泵控制电子装置控制。燃油泵控制电子装置获得发动机控制系统（DME 或 DDE）的控制信号。

（2）工作原理　电动燃油泵是一种内油箱泵，为发动机提供燃油。根据需要控制电动燃油泵。发动机控制系统根据驾驶员期望和发动机运行状态，计算各时间点所需的燃油量。所需的燃油量将作为按脉冲宽度调制的信号发送至燃油泵控制电子装置。燃油泵控制电子装置将该信号转换成一个按脉冲宽度调制的输出电压。为此将在燃油泵控制电子装置中存储燃油需要量的特性线。根据特定的发动机和型号对特性线进行设码。

燃油泵控制电子装置利用一个按脉冲宽度调制的输出电压（PWM 信号）调节电动燃油泵的转速，从而使电动燃油泵准确提供所需的燃油量。电动燃油泵将燃油从燃油箱经过供给管路以约 5bar（0.5MPa）的初压力输送到高压泵。燃油由电动燃油泵按需输送。

（3）线路连接　电动燃油泵通过一个 8 芯插头进行连接（图 3-3-4）。电动燃油泵采用一种无刷三相电动机。线路连接端子定义见表 3-3-3。

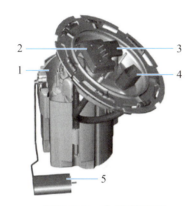

图 3-3-3　电动燃油泵

1—电动燃油泵；2—真空自然泄漏检测装置；3—5 芯插头；4—8 芯插头；5—燃油油位传感器

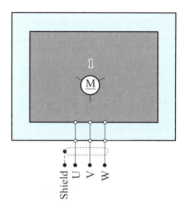

图 3-3-4　燃油泵线路连接

1—电动燃油泵

表 3-3-3　燃油泵线路连接端子定义

端子	说明
Shield	屏蔽
U	相位 U
V	相位 V
W	相位 W

扫一扫

视频精讲

（4）标准值　见表 3-3-4。

表 3-3-4　燃油泵标准值

参数	标准值
电压范围	6～16V
额定电压	（12±0.1）V
汽油驱动的工作压力	5.2～5.9bar（0.52～0.59MPa）
柴油驱动的工作压力	3.6～5.9bar（0.36～0.59MPa）
温度范围	-40～85℃

三、燃油泵控制电子装置故障诊断

（1）工作原理　燃油泵控制电子装置（图3-3-5）从数字式发动机电子伺控系统（DME）或数字式柴油机电子伺控系统（DDE）接收控制信号。

燃油泵控制电子装置不是与总线相连的控制单元。数字式发动机电子伺控系统（DME）或数字式柴油机电子伺控系统（DDE）借助按脉冲宽度调制的信号与燃油泵控制电子装置通信。电动燃油泵采用一个无刷三相电动机。燃油泵控制电子装置控制该三相电动机。按脉冲宽度调制的信号（PWM信号）也用于诊断燃油泵控制电子装置。故障存储在数字式发动机电子伺控系统（DME）或数字式柴油机电子伺控系统（DDE）中。

数字式发动机电子伺控系统（DME）或数字式柴油机电子伺控系统（DDE）根据驾驶员意图和发动机运行状态，计算出各时间点所需的燃油量。所需的燃油量将作为按脉冲宽度调制的信号发送至燃油泵控制电子装置。

（2）线路连接　燃油泵控制电子装置接收来自碰撞安全模块（ACSM）的碰撞信号（图3-3-6）。燃油泵控制电子装置由前部配电器或后部配电器（取决于系列）通过总线端Kl.30B供电。线路连接端子定义见表3-3-5。

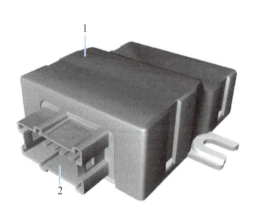

图3-3-5　燃油泵控制电子装置
1—燃油泵控制电子装置；2—10芯插头

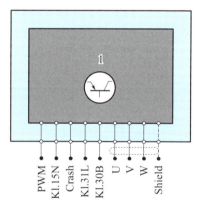

图3-3-6　燃油泵控制电子装置线路连接
1—燃油泵控制电子装置

表3-3-5　燃油泵控制电子装置线路连接端子定义

端子	说明
PWM	脉冲宽度调制信号
Kl.15N	关闭延迟时间
Crash	碰撞信息

续表

端子	说明
Kl. 31L	功率管接地
Kl. 30B	供电
U	相位 U
V	相位 V
W	相位 W
Shield	屏蔽

（3）标准值　见表3-3-6。

表 3-3-6　燃油泵控制电子装置标准值

参数	标准值
额定电压	12V
最大电流消耗	14A
温度范围	$-40 \sim 85$℃

四、油轨压力传感器故障诊断

（1）安装位置　油轨压力传感器（图3-3-7）旋入油轨（燃油分配器）的末端中。此传感器向发动机控制系统提供高压泵后的燃油压力。油轨压力传感器用于油轨压力控制。油轨压力传感器的信号是发动机控制系统用来控制量控阀的一个重要输入信号。量控阀是高压泵的一个部件。

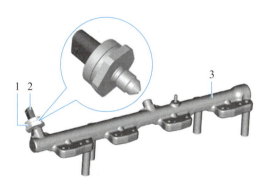

图 3-3-7　油轨压力传感器

1—油轨压力传感器；2—3 芯插头；3—油轨（燃油分配器）

（2）工作原理　采用应变仪进行压力测量。施加压力时，传感器中装有应变仪的金属膜会发生变形。应变仪的电阻变化将通过一个测量电桥，以电子方式进行记录并分析。然后，测得的电压作为实际值输入油轨压力控制装置中。

（3）线路连接　油轨压力传感器通过一个 3 芯插头进行连接（图 3-3-8）。传感器由发动机控制系统提供 5V 的电压。线路连接端子定义见表 3-3-7。

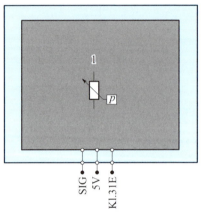

图 3-3-8　油轨压力传感器线路连接

1—油轨压力传感器

表 3-3-7　油轨压力传感器线路连接端子定义

端子	说明
SIG	油轨压力信号
5V	5V 供电电压
Kl.31E	电子接地线

（4）特性线及标准值

❶ 特性线　油轨压力的信息通过一条信号线传输到发动机控制系统。油轨压力的有效信号根据压力变化而波动。测量范围为 0.5～4.5V，对应于 0～350bar（0～35MPa）的油轨压力（图 3-3-9）。

❷ 标准值　见表 3-3-8。

表 3-3-8　油轨压力传感器标准值

参数	标准值
油轨压力传感器电压范围	0.5～4.5V
油轨压力测量范围	0～350bar(0～35MPa)
最大输出电流	10mA
温度范围	-40～140℃

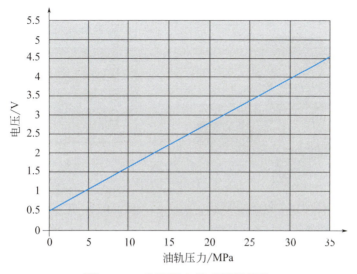

图 3-3-9　油轨压力传感器特性线

五、高压燃油泵故障诊断

（1）安装位置　高压燃油泵（图 3-3-10）安装在发动机上，与燃油油轨连接。燃油通过供油口在燃油泵所产生的预压力作用下输送到高压泵，然后通过量控阀导入泵部件（三个活塞）的燃油腔内。同时活塞使燃油处于压力下并将其输送到高压接口。

（2）工作原理　只要发动机运转，就会通过三段式凸轮使活塞持久往复运动。只要新燃油通过量控阀输送到高压泵内，就会始终处于压力下。量控阀由发动机控制系统控制，它决定输送的燃油量。压力调节通过量控阀进行，方法是泵部件沿燃油进油方向打开或关闭量控阀。燃油在吸油行程时通过打开的量控阀吸入，在压油行程时重新输送回进油管路，直到量控阀关闭。关闭时刻首先开始真正的输送行程并确定燃油量，这些燃油通过止回阀抽送到高压管路中。

高压燃油泵是一种机械式燃油泵，其任务是：提升燃油压力［范围为 50～350bar（5～35MPa）］；向油轨输送燃油。

量控阀控制油轨中的燃油压力，通过限压阀降低油轨中的压力，此时燃油被从高压系统输送回泵部件内。

（3）线路连接　量控阀是一个电磁阀。量控阀由发动机控制系统通过一个按脉冲宽度调制的信号（PWM 信号）控制。输送回低压区域的油量与输送到高压区域的油量比例根据控制信号而变化。由此调节相应负荷点所需的燃油量。利用总线端 Kl.15N 给量控阀供电（图 3-3-11）。线路连接端子定义见表 3-3-9。

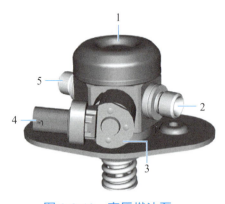

图 3-3-10　高压燃油泵

1—高压泵；2—燃油供油管；3—量控阀；
4—2 芯插头；5—高压接头

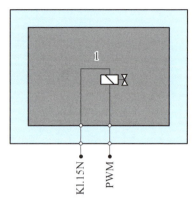

图 3-3-11　高压燃油泵线路连接

1—量控阀

表 3-3-9　高压燃油泵线路连接端子定义

端子	说明
Kl. 15N	量控阀供电
PWM	脉冲宽度调制信号

（4）标准值　见表 3-3-10。

表 3-3-10　高压燃油泵标准值

参数	标准值
发动机启动时的最小供电电压	6V
高压泵系统压力	5～200bar（0.5～20MPa）
控制频率	200Hz
脉冲负载参数	80%
温度范围	-30～140℃

第四节　发动机机械故障诊断

一、配气机构故障诊断

每个厂家的技术标准都不一样，准确的数据需查询厂家的技术资料，以下检查以丰田厂家技术为例。

1. 检查气缸盖

❶ 检查气缸盖翘曲度。使用精密直尺和测隙规，测量气缸体和歧管接触面的翘曲度（图 3-4-1）。最大翘曲度见表 3-4-1。

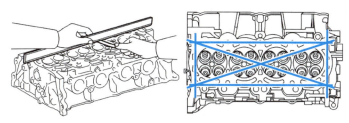

(a) 检测气缸盖下部

(b) 检测气缸盖进气侧

(c) 检测气缸盖排气侧

图 3-4-1　测量气缸盖翘曲度

扫一扫

视频精讲

表 3-4-1　最大翘曲度

项目	规定状态
气缸体侧	<0.05mm
进气歧管侧	<0.10mm
排气歧管侧	<0.10mm

❷ 检查气缸盖是否破裂。用染色渗透法检查进气口、排气口以及气缸盖表面是否有裂纹（图 3-4-2）。如有裂纹，则更换气缸盖。

2. 检查气门座

在气门锥面上涂抹一薄层红印泥。使气门锥面轻压气门座。按下列步骤检查气门锥面和气门座。

❶ 如果整个 360° 气门锥面均出现红色，则气门锥面是同心的。否则，更换

气门。

❷ 如果整个 360°气门座均出现红色，则气门导管和气门锥面是同心的。否则，重修气门座表面。

❸ 检查并确认气门座接触面在气门锥面的中部，气门座宽度在 1.0～1.4mm（进气侧）之间（图 3-4-3）。

❹ 检查并确认气门座接触面在气门锥面的中部，气门座宽度在 1.0～1.4mm（排气侧）之间（图 3-4-3）。

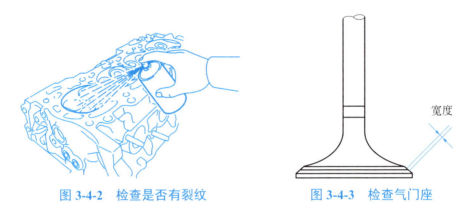

图 3-4-2 检查是否有裂纹

图 3-4-3 检查气门座

3. 检查凸轮轴轴向间隙

将凸轮轴安装在气缸上。安装百分表及磁性表座。来回移动凸轮轴的同时，用百分表测量轴向间隙（图 3-4-4），测量值参考表 3-4-2 和表 3-4-3。

扫一扫

视频精讲

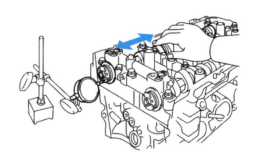

图 3-4-4 测量凸轮轴轴向间隙

表 3-4-2 标准轴向间隙

项目	规定状态
进气	0.06～0.155mm
排气	0.06～0.155mm

表 3-4-3　最大轴向间隙

项目	规定状态
进气	0.17mm
排气	0.17mm

如果轴向间隙大于最大值，则更换凸轮轴壳。如果止推面损坏，则更换凸轮轴。

4. 检查凸轮轴油膜间隙

❶ 清洁轴承盖和凸轮轴轴颈。将凸轮轴放到凸轮轴壳上。将塑料测隙规摆放在各凸轮轴轴颈上（图 3-4-5）。

❷ 安装轴承盖。注意不要转动凸轮轴。

❸ 拆下轴承盖。测量塑料测隙规最宽处（图 3-4-6），根据表 3-4-4 和表 3-4-5 检查油膜间隙是否正常。

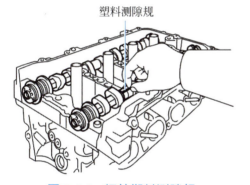

图 3-4-5　摆放塑料测隙规

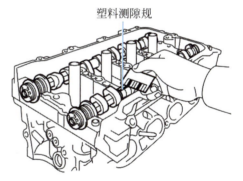

图 3-4-6　测量塑料测隙规最宽处

表 3-4-4　标准油膜间隙

项目	规定状态
凸轮轴 1 号轴颈	0.030～0.063mm
凸轮轴其他轴颈	0.035～0.072mm

表 3-4-5　最大油膜间隙

项目	规定状态
凸轮轴 1 号轴颈	0.085mm
凸轮轴其他轴颈	0.09mm

如果油膜间隙大于最大值,则更换凸轮轴。如有必要,更换气缸盖。

5. 检查气门压缩弹簧

❶ 使用游标卡尺,测量气门弹簧的自由长度(图3-4-7)。自由长度:53.36mm。如果自由长度不符合规定,则更换气门弹簧。

❷ 用钢角尺测量气门弹簧的偏移量(图3-4-8)。最大偏移量:1.0mm。如果偏移量大于最大值,则更换气门弹簧。

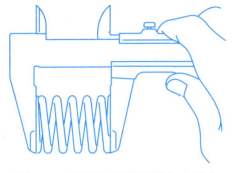

图3-4-7 测量气门弹簧的自由长度

图3-4-8 测量气门弹簧的偏移量

6. 检查进气门

❶ 使用衬垫刮刀,刮除气门头部的所有积炭(图3-4-9)。

❷ 用游标卡尺测量气门的总长。标准总长:109.34mm。最小总长:108.84mm。如果总长小于最小值,则更换气门(图3-4-10)。

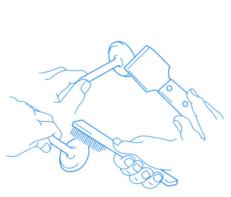

图3-4-9 清除气门积炭

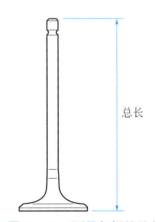

图3-4-10 测量气门的总长

❸ 用螺旋测微器测量气门杆直径(图3-4-11)。气门杆直径:5.470～5.485mm。如果气门杆直径不符合规定,则检查油膜间隙。

❹ 用游标卡尺测量气门头部边缘厚度（图3-4-12）。标准边缘厚度：1.0mm。最小边缘厚度：0.5mm。如果边缘厚度小于最小值，则更换气门。

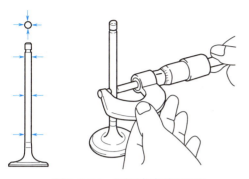

图 3-4-11　测量气门杆直径

图 3-4-12　测量气门头部边缘厚度

7. 检查排气门

可参阅进气门的测量方法。

❶ 使用衬垫刮刀，刮除气门头部的所有积炭。

❷ 用游标卡尺测量气门的总长。标准总长：108.25mm。最小总长：107.75mm。如果总长小于最小值，则更换气门。

❸ 用螺旋测微器测量气门杆直径。气门杆直径：5.465～5.480mm。如果气门杆直径不符合规定，则检查油膜间隙。

❹ 用游标卡尺测量气门头部边缘厚度。标准边缘厚度：1.01mm。最小边缘厚度：0.5mm。如果边缘厚度小于最小值，则更换气门。

8. 检查气门导管衬套油膜间隙

用测径规测量气门导管衬套的内径（图3-4-13）。衬套内径：5.510～5.530mm。用导管衬套内径测量值减去气门杆直径测量值得到油膜间隙（表3-4-6、表3-4-7）。

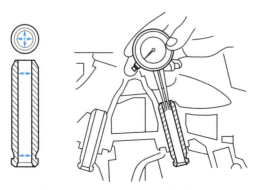

图 3-4-13　测量气门导管衬套的内径

表 3-4-6　标准油膜间隙

项目	规定状态
进气	0.025～0.060mm
排气	0.030～0.065mm

表 3-4-7　最大油膜间隙

项目	规定状态
进气	0.080mm
排气	0.085mm

如果间隙大于最大值，则更换气门和导管衬套。

9. 维修气门座

❶ 用 45°铰刀修整气门座表面，使气门座宽度大于规定值（图 3-4-14）。

❷ 用 30°和 75°铰刀修整气门座，使气门可以接触到气门座的整个圆周。应在气门座的中心接触，且气门座宽度应保持在气门座整个圆周的规定范围内（图 3-4-15、表 3-4-8）。

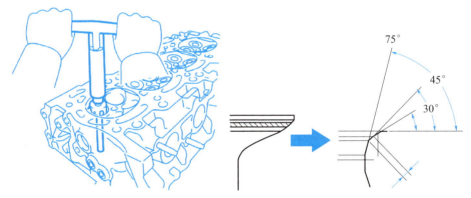

图 3-4-14　用 45°铰刀修整气门座表面　　图 3-4-15　用 30°和 75°铰刀修整气门座

表 3-4-8　气门座宽度

项目	规定状态
进气侧	1.0～1.4mm
排气侧	1.0～1.4mm

❸ 用研磨剂对气门和气门座进行手动研磨。检查气门落座位置。

二、曲柄连杆机构故障诊断

1. 检查连杆轴向间隙

安装连杆盖。安装百分表及磁性表座。来回移动连杆的同时，用百分表测量轴向间隙（图 3-4-16）。标准轴向间隙：0.160～0.342mm。最大轴向间隙：0.342mm。如果轴向间隙大于最大值，则必要时更换连杆总成。如有必要，更换曲轴。

2. 检查连杆油膜间隙

❶ 清洁曲柄销和轴承。检查曲柄销和轴承是否有点蚀和划痕。将塑料测隙规摆放在曲柄销上。检查并确认连杆盖上的朝前标记朝前（图 3-4-17）。安装连杆盖。注意不要转动曲轴。

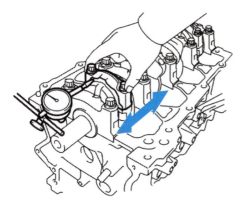

图 3-4-16　测量连杆轴向间隙

图 3-4-17　安装连杆盖

❷ 拆下两个螺栓和连杆盖。测量塑料测隙规最宽处（图 3-4-18）。标准油膜间隙：0.030～0.062mm。最大油膜间隙：0.07mm。如果油膜间隙大于最大值，则更换连杆轴承。如有必要，检查曲轴。注意测量后完全拆下塑料测隙规。

> 注意
>
> 如果更换轴承，则新轴承的编号应与各连杆盖的编号一致。通过各轴承表面的标记 1、2 或 3 指示其标准厚度（图 3-4-19）。各标准值见表 3-4-9～表 3-4-11。

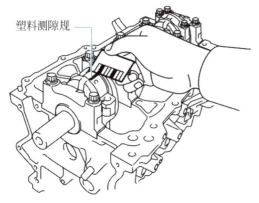

图 3-4-18 测量塑料测隙规最宽处

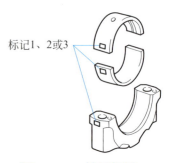

图 3-4-19 轴承标记

表 3-4-9 标准连杆大头孔径

项目	规定状态
标记 1	47.000～47.008mm
标记 2	47.009～47.016mm
标记 3	47.017～47.024mm

表 3-4-10 标准连杆轴承厚度

项目	规定状态
标记 1	1.489～1.493mm
标记 2	1.494～1.497mm
标记 3	1.498～1.501mm

表 3-4-11 标准曲柄销直径

项目	规定状态
标记 1、2、3	43.992～44.000mm

3. 检查气缸体的翘曲度

用精密直尺和测隙规，测量与气缸盖衬垫接触表面的翘曲度（图 3-4-20）。最大翘曲度：0.05mm。

如果翘曲度大于最大值，则更换气缸体。

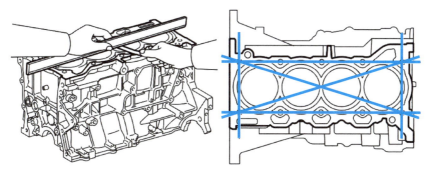

图 3-4-20 测量气缸体的翘曲度

4. 检查气缸缸径

用量缸表在位置 A 和 B 处测量止推方向（径向）与轴向的气缸缸径（图 3-4-21）。
标准直径：80.500～80.513mm。最大直径：80.633mm。

如果四个位置的平均缸径值大于最大值，则更换气缸体。

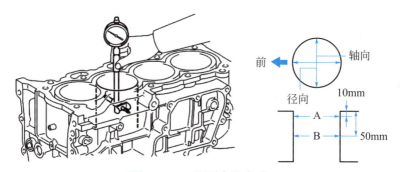

图 3-4-21 测量气缸缸径

5. 检查活塞

❶ 用衬垫刮刀去除活塞顶部的积炭（图 3-4-22）。
❷ 用环槽清洁工具或折断的活塞环清洁活塞环槽（图 3-4-23）。

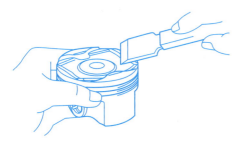

图 3-4-22 去除活塞顶部的积炭

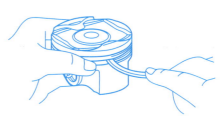

图 3-4-23 清洁活塞环槽

❸ 用刷子和溶剂彻底清洁活塞（图 3-4-24）。

❹ 在距活塞顶部 12.6mm 处，用螺旋测微器测量与活塞销孔成直角的活塞直径（图 3-4-25）。标准活塞直径：80.461～80.471mm。

如果直径不符合规定，则更换活塞。

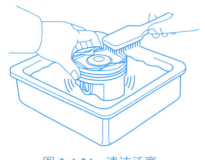

图 3-4-24　清洁活塞

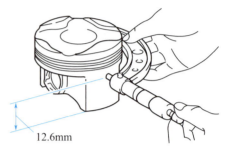

图 3-4-25　测量活塞直径

6. 检查活塞油膜间隙

用气缸缸径测量值减去活塞直径测量值。标准油膜间隙：0.029～0.052mm。最大油膜间隙：0.09mm。

如果油膜间隙大于最大值，则更换所有活塞。如有必要，更换气缸体。

7. 检查环槽间隙

使用测隙规测量新活塞环和环槽壁间的间隙（图 3-4-26、表 3-4-12）。

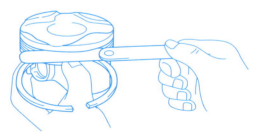

图 3-4-26　测量活塞环和环槽壁间的间隙

表 3-4-12　标准环槽间隙

项目	规定状态
1 号环	0.02～0.07mm
2 号环	0.02～0.06mm
油环	0.02～0.065mm

如果环槽间隙不符合规定，则更换活塞。

8. 检查活塞环端隙

❶ 用活塞从气缸体的顶部将活塞环推至其底部，使其行程超过50mm（图3-4-27）。
❷ 用测隙规测量端隙（图3-4-28、表3-4-13、表3-4-14）。

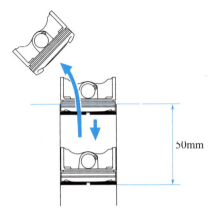

图3-4-27　放入活塞至气缸

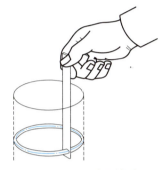

图3-4-28　测量端隙

表3-4-13　标准端隙

项目	规定状态
1号环	0.2～0.3mm
2号环	0.3～0.5mm
油环	0.1～0.4mm

表3-4-14　最大端隙

项目	规定状态
1号环	0.5mm
2号环	0.7mm
油环	0.7mm

如果端隙大于最大值，则更换活塞环。换上新的活塞环后，如果端隙仍大于最大值，则更换气缸体。

9. 检查活塞销油膜间隙

❶ 用测径规测量活塞销孔径（图3-4-29）。标准活塞销孔径：20.006～20.015mm。

图 3-4-29　测量活塞销孔径

如果直径不符合规定，则更换活塞。

❷ 用螺旋测微器测量活塞销直径（图 3-4-30）。标准活塞销直径：20.004～20.013mm。

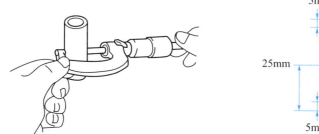
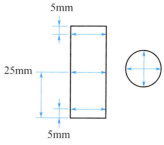

图 3-4-30　测量活塞销直径

如果直径不符合规定，则更换活塞销。

❸ 用测径规测量连杆小头孔径（图 3-4-31）。标准连杆小头孔径：20.012～20.021mm。

图 3-4-31　测量连杆小头孔径

如果直径不符合规定，则更换连杆。

❹ 用活塞销孔直径测量值减去活塞销直径测量值。标准油膜间隙：-0.001～0.005mm。最大油膜间隙：0.010mm。

如果油膜间隙大于最大值，则更换连杆。如有必要，则成套更换活塞和活塞销。

❺ 用连杆小头孔径测量值减去活塞销直径测量值。标准油膜间隙：0.005～0.011mm。最大油膜间隙：0.014mm。

如果油膜间隙大于最大值，则更换连杆。如有必要，则成套更换连杆和活塞销。

10. 检查连杆螺栓

用游标卡尺测量螺栓受力部分的直径（图3-4-32）。标准直径：6.6～6.7mm。最小直径：6.4mm。

如果直径小于最小值，则更换连杆螺栓。

11. 检查连杆分总成

用连杆校准器和测隙规检查连杆分总成。

❶ 检查连杆弯曲度（图3-4-33）。最大弯曲度：0.05mm/100mm。

如果弯曲度大于最大值，则更换连杆。

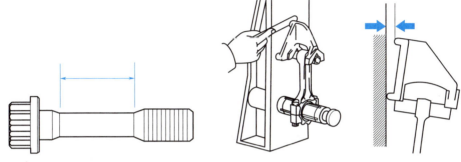

图 3-4-32　检查连杆螺栓　　　　图 3-4-33　检查连杆弯曲度

❷ 检查连杆扭曲度（图3-4-34）。最大扭曲度：0.15mm/100mm。

如果扭曲度大于最大值，则更换连杆。

12. 检查曲轴

❶ 用百分表和V形块测量曲轴径向跳动（图3-4-35）。最大径向跳动：0.03mm。

如果径向跳动大于最大值，则更换曲轴。

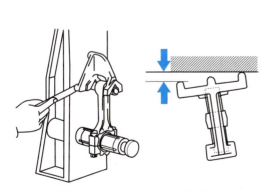 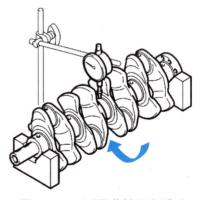

图 3-4-34　检查连杆扭曲度　　　　图 3-4-35　测量曲轴径向跳动

❷ 用螺旋测微器测量各主轴颈的直径（图 3-4-36）。标准直径：47.988～48.000mm。

如果直径不符合规定，则检查曲轴油膜间隙。

❸ 检查各主轴颈的锥度和变形程度。最大锥度和变形程度：0.004mm。

如果锥度和变形程度大于最大值，则更换曲轴。

❹ 用螺旋测微器测量各曲柄销的直径（图 3-4-37）。标准直径：43.992～44.000mm。

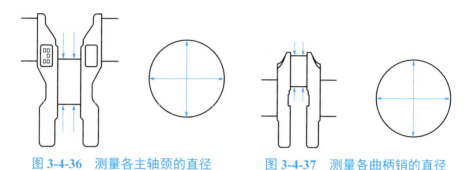

图 3-4-36　测量各主轴颈的直径　　　图 3-4-37　测量各曲柄销的直径

如果直径不符合规定，则检查连杆油膜间隙。

❺ 检查各曲柄销的锥度和变形程度。最大锥度和变形程度：0.004mm。

如果锥度和变形程度大于最大值，则更换曲轴。

13. 检查曲轴轴向间隙

安装主轴承盖。用旋具来回撬动曲轴的同时，用百分表测量轴向间隙（图 3-4-38）。标准轴向间隙：0.04～0.14mm。最大轴向间隙：0.18mm。

如果轴向间隙大于最大值，则成套更换止推垫圈。

止推垫圈厚度在 2.43～2.48mm 之间。

14. 检查曲轴油膜间隙

❶ 检查曲轴轴颈和轴承是否有点蚀和划痕。

❷ 安装曲轴轴承。

❸ 将曲轴放到气缸体上。

❹ 将塑料测隙规摆放在各轴颈上（图 3-4-39）。

❺ 检查朝前标记和数字，并将轴承盖安装到气缸体上。

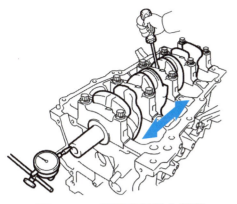

图 3-4-38　测量曲轴轴向间隙

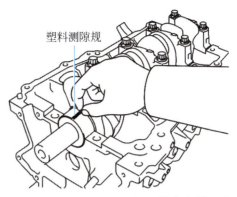

图 3-4-39　将塑料测隙规摆放在各轴颈上

> **提示**
>
> 各主轴承盖上都标有一个数字以指明安装位置。

❻ 安装主轴承盖。注意不要转动曲轴。
❼ 拆下主轴承盖。
❽ 测量塑料测隙规最宽处（图 3-4-40）。标准油膜间隙：0.016～0.039mm。最大油膜间隙：0.050mm。

如果油膜间隙大于最大值，则更换曲轴轴承。如有必要，则更换曲轴。

15. 检查气缸盖固定螺栓

❶ 用游标卡尺测量螺栓受力部分的长度（图 3-4-41）。标准螺栓长度：84.3～85.7mm。最大螺栓长度：86.7mm。

如果螺栓长度大于最大值，则更换螺栓。

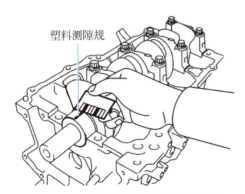

图 3-4-40　测量塑料测隙规最宽处

图 3-4-41　测量螺栓受力部分的长度

❷ 用游标卡尺在测量点测量细长螺纹的最小直径（图 3-4-42）。标准外径：9.77～9.96mm。最小外径：9.1mm。

> **提示**
>
> 用直尺，目视检查曲轴轴承盖螺栓螺杆的较细部位。

如果直径小于最小值，则更换螺栓。

三、润滑系统故障诊断

1. 检查机油压力

❶ 断开机油压力开关连接器。
❷ 用 24mm 长套筒扳手拆下机油压力开关。
❸ 安装机油压力表（图 3-4-43）。

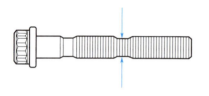

图 3-4-42　测量细长螺纹的最小直径

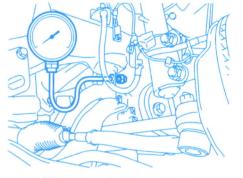

图 3-4-43　安装机油压力表

❹ 使发动机暖机。
❺ 检查机油压力（表 3-4-15）。如果油压不符合规定，检查机油泵。

表 3-4-15　机油压力

怠速时	3000r/min 时
25kPa 或更高	150～550kPa

❻ 在机油压力开关的 2 个或 3 个螺纹上涂抹粘合剂。
❼ 用 24mm 长套筒扳手，安装机油压力开关。扭矩：15N·m。
❽ 连接机油压力开关连接器。

2. 检查机油泵

❶ 检查机油泵减压阀。在机油泵减压阀上涂抹一层发动机机油,检查并确认该阀能依靠自重顺畅地滑入阀孔中(图3-4-44)。

如果情况不是这样,则更换机油泵。

❷ 检查机油泵转子。用测隙规测量主动转子和从动转子的顶部间隙(图3-4-45)。标准顶部间隙:0.08~0.160mm。最大顶部间隙:0.35mm。

如果顶部间隙大于最大值,则更换机油泵。

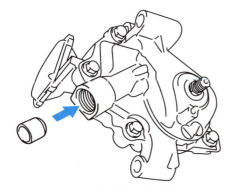

图3-4-44 检查机油泵减压阀

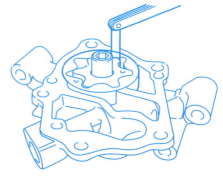

图3-4-45 测量主动转子和从动转子的顶部间隙

用测隙规和精密直尺测量两个转子和精密直尺间的间隙(图3-4-46)。标准侧隙:0.030~0.080mm。最大侧隙:0.16mm。

如果侧隙大于最大值,则更换机油泵。

用测隙规测量从动转子和机油泵体间的间隙(图3-4-47)。标准泵体间隙:0.12~0.19mm。最大泵体间隙:0.325mm。

如果泵体间隙大于最大值,则更换机油泵。

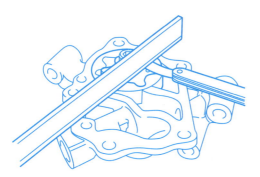

图3-4-46 测量两个转子和精密直尺间的间隙

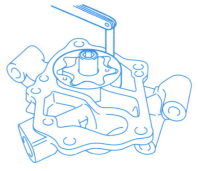

图3-4-47 测量从动转子和机油泵体间的间隙

四、冷却系统故障诊断

1. 检查冷却液是否泄漏

向散热器总成中注满发动机冷却液,然后连接散热器盖检测仪。泵压至 108 kPa,然后检查并确认压力没有降低(图 3-4-48)。

如果压力下降,检查软管、散热器总成和水泵总成是否泄漏。如果发动机外部没有冷却液泄漏痕迹,则检查加热器芯、气缸体和气缸盖。

2. 检查水泵总成

转动带轮,检查并确认水泵轴承运转平稳且无噪声(图 3-4-49)。如有必要,则更换水泵总成。

确保水泵壳体上没有冷却液泄漏。如有必要,则更换水泵总成。

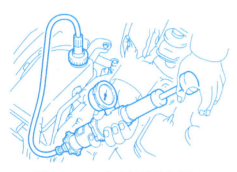

图 3-4-48 向冷却系统加压

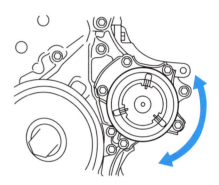

图 3-4-49 检查水泵总成

3. 检查节温器

> 注意
>
> 阀门开启温度刻在节温器上(图 3-4-50)。

将节温器浸入水中然后逐渐将水加热。检查节温器阀门开启温度(图 3-4-51)。阀门开启温度:80~84℃。如果阀门开启温度不符合规定,则更换节温器。

检查阀门升程。阀门升程:在 95℃时为 10mm 或更大(图 3-4-52)。如果阀门升程不符合规定,则更换节温器。

当节温器处于低温(低于 77℃)时,检查并确认阀门全关。如果不能全关,则更换节温器。

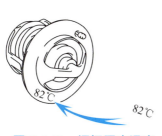
图 3-4-50　阀门开启温度

图 3-4-51　检查节温器阀门开启温度

4. 检查冷却风扇电动机

❶ 蓄电池连接到风扇电动机连接器上时，检查并确认电动机运转平稳。
❷ 将电流表的 400 A 探针连接到冷却风扇电动机的端子 M+ 上（图 3-4-53）。
❸ 测量电动机运转时的电流（表 3-4-16）。

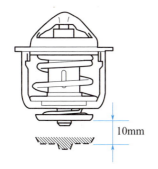
图 3-4-52　检查阀门升程

图 3-4-53　风扇电动机连接器

表 3-4-16　标准电流

项目	规定状态
冷却风扇电动机	在 20℃、12 V 时为 7.9～10.9A

如果结果不符合规定，则更换冷却风扇电动机。

5. 检查冷却风扇系统

❶ 将车辆置于以下条件下：点火开关置于 OFF 位置；冷却液温度低于 95℃；蓄

电池电压介于 11V 和 14V 之间；空调开关关闭。

❷ 将电流表的 400 A 探针夹紧到每个冷却风扇电动机的 M+ 线上。

❸ 将点火开关置于 ON（IG）位置，等待约 10s。检查并确认风扇停止。

❹ 启动发动机。检查并确认发动机怠速时风扇停止。

> **注意**
>
> 确保冷却液温度低于 95℃。关闭空调开关。

❺ 检查并确认当空调开关打开（MAX COOL 和电磁离合器工作）时风扇工作（表 3-4-17）。

表 3-4-17　标准电流

项目	规定状态
冷却风扇电动机	2～10.9 A

> **提示**
>
> 冷却液温度低于 95℃。

❻ 检查并确认当水温传感器连接器断开时风扇工作（表 3-4-17）。

❼ 发动机暖机后，检查并确认风扇如图 3-4-54 所示进行工作。

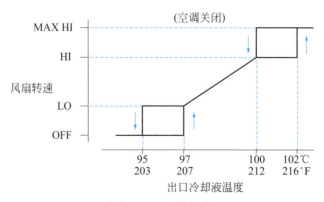

图 3-4-54　操作图

> **注意**
>
> 风扇开始工作时冷却液温度约为 97℃,系统也可使用智能检测仪进行检查。

6. 检查散热器盖

❶ 测量阀门开启压力。
❷ 如果在 O 形圈 1(图 3-4-55)中发现水垢或异物,则用清水冲洗并用手指擦拭。
❸ 检查并确认 O 形圈 1 没有变形、开裂或膨胀。
❹ 使用散热器盖检测仪前,在 O 形圈 1 和橡胶密封件 2(图 3-4-55)上涂抹发动机冷却液。
❺ 使用散热器盖检测仪时,使其向上倾斜大于 30°(图 3-4-56)。
❻ 泵压散热器盖检测仪数次,检查最大压力(表 3-4-18)。

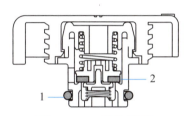

图 3-4-55 散热器盖

1—O 形圈;2—橡胶密封件

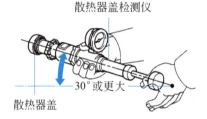

图 3-4-56 使用散热器盖检测仪检测

表 3-4-18 判断标准

项目	规定状态
标准值(新盖)	93.3~122.7kPa
最小标准值(旧盖)	78.5kPa

如果最大压力小于最小标准值,则更换散热器盖分总成。

7. 检查散热器散热片是否阻塞

如果散热片阻塞,用水或蒸汽清洁器清洗并用压缩空气吹干。

> **注意**
>
> 为避免损坏散热片,喷射方向应与散热器芯表面成直角(图3-4-57)。

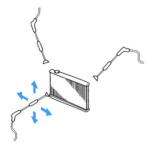

图 3-4-57 喷射方向

如果蒸汽清洁器太靠近散热器芯,则可能损坏散热片,因此应保持一定的喷射距离(表 3-4-19)。

表 3-4-19 标准喷射距离

喷射压力	规定状态
2942～4903kPa	300mm
4903～7845kPa	500mm

如果散热片弯曲,则用旋具或钳子校直。

> **注意**
>
> 不要使电子部件接触到水。

8. 检查散热器是否漏水

使用专用工具塞住散热器的进水口和出水口(图 3-4-58)。使用散热器盖检测仪,给散热器加压。测试压力:177kPa。

将散热器浸入水中。

检查是否漏水。

> **提示**
>
> 在带树脂水室的散热器上,水室和锁止板之间的间隙(图 3-4-59)会驻留少量空气,当散热器浸入水中时,看上去似乎有漏气现象,因此在用水进行漏气测试之前,先将散热器在水中来回晃动,直到所有气泡消失。

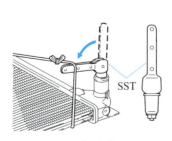

图 3-4-58 安装专用工具

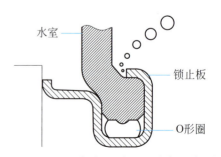

图 3-4-59 水室和锁止板之间的间隙

第五节　发动机点火系统与启动系统故障诊断

一、点火系统故障诊断

1. 点火线圈

（1）安装位置　发动机具有一个带静态点火分电系统的感应式点火装置。每个气缸都有一个单独的点火线圈（图 3-5-1），此点火线圈直接插在气缸盖罩中。这个线圈点火系统的点火电路由下列部分组成：带初级和次级线圈的点火线圈；发动机控制单元中的点火终极；火花塞，与次线圈相连。

（2）工作原理　点火终极在希望的点火时刻前使车载网络中的一个电流流过初级线圈。在初级电路闭合期间（关闭时间），在初级线圈中建立起一个磁场。在点火时刻，流过初级线圈的电流重新中断。磁场的能量通过磁耦合的次级线圈放电（感应）。这时在次级线圈中产生一个高压，此高压在火花塞上产生点火火花（图 3-5-1）。

（3）线路连接　点火线圈按照变压器原理工作。在一个共用铁芯上安放着 2 个线圈。初级线圈由一根粗金属丝组成，匝数少。线圈的一端通过总线端 Kl.15 过载保护继电器连接在车载网络电压正极（总线端 Kl.15）上（图 3-5-2）。另一端（总线端 Kl.1）连接在点火终极上，这样点火终极能够接通初级电流。次级线圈由一根匝数很多的细金属丝制成。线路连接端子定义见表 3-5-1。

图 3-5-1　点火线圈

1—点火线圈；2—杆；3—3 芯插头

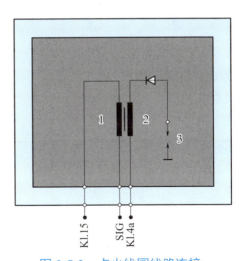

图 3-5-2　点火线圈线路连接

1—初级线圈；2—次级线圈；3—火花塞

111

表 3-5-1　点火线圈线路连接端子定义

端子	说明
Kl. 15	供电（通过总线端 Kl. 15 过载保护继电器）
SIG	点火信号（总线端 Kl. 1）
Kl. 4a	接地

（4）信号曲线及标准值

❶ 信号曲线　如图 3-5-3 所示。

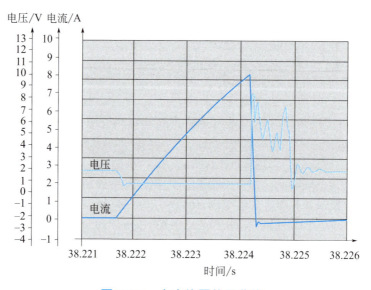

图 3-5-3　点火线圈信号曲线

图 3-5-3 中纵坐标分别为点火线圈总线端 Kl. 1 上的电压（来自点火终极）和初级线圈充电电流。

❷ 标准值　见表 3-5-2。

表 3-5-2　点火线圈标准值

参数	标准值
电压范围	6～16V
正常运行中的次级线圈电压	至 29kV
正常运行时的最大电流消耗	8～10.5A
初级电阻	<600mΩ
初级线圈与次级线圈的匝数比	1∶80
温度范围	-40～140℃

2. 火花塞

❶ 检查火花塞电阻（图 3-5-4）。用兆欧表测量绝缘电阻。标准电阻：10 MΩ 或更大。如果结果不符合规定，用火花塞清洁器清洁火花塞并再次测量电阻。

> 💡 **注意**
>
> 如果没有兆欧表，可用下述方法检查：将发动机迅速加速到 4000r/min，重复操作五次；拆下火花塞，目视检查火花塞（图 3-5-5），如果电极干燥，则火花塞正常工作，如果电极潮湿，则检查火花塞的螺纹和绝缘垫是否损坏，如有任何损坏，则更换火花塞。

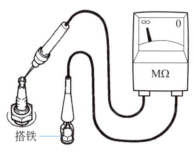

图 3-5-4　检查火花塞电阻

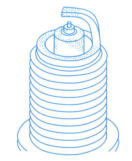

图 3-5-5　目视检查火花塞

❷ 检查火花塞电极间隙（图 3-5-6）。旧火花塞的最大电极间隙：1.3mm。如果间隙大于最大值，则更换火花塞。新火花塞的电极间隙：1.0～1.1mm。

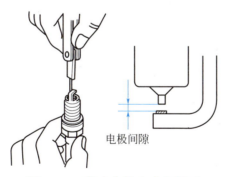

图 3-5-6　检查火花塞电极间隙

扫一扫

视频精讲

3. 发电机

（1）安装位置　发电机（图 3-5-7）安装在发动机附件支架上。发电机通过一个串行数据接口与发动机控制单元交换数据。发电机向发动机控制单元传送诸如型号和制造商之类的信息。发电机的特定信息由发动机控制单元进行处理，并根据安装的发电机型号对发电机进行调节。

（2）工作原理　发电机将保持所希望的车载网络电压水平。发电机还负责在行驶模式下为所有用电器供电。调节器利用非控制式的整流器通过施加励磁电流来调节电激励式发电机的输出电压。

（3）线路连接　发电机有一个单独的接线柱用于蓄电池正极导线。通过串行数据接口（BSD 或 LIN）向调节器传递调节参数（图 3-5-8）。线路连接端子定义见表 3-5-3。

图 3-5-7　发电机

1—发电机；2—具有整流二极管的调节器；3—2 芯插头（1 芯被使用）；4—蓄电池正极导线

图 3-5-8　发电机线路连接

1—带调节器的电子单元

表 3-5-3　发电机线路连接端子定义

端子	说明
BSD/LIN	串行数据接口（BSD 或 LIN）
U	蓄电池正极导线

（4）特性线及标准值

❶ 特性线　示波器显示的是发电机的正常电压走势。每个波的高度取决于当前发电机负荷。波的长度取决于转速。转速越高，波越短。在怠速转速下，并且在用电器开启的状况下，无故障的发电机必须输出图 3-5-9 所示的特性线。

❷ 标准值　见表 3-5-4。

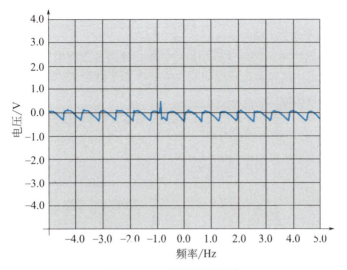

图 3-5-9　发电机特性线

表 3-5-4　发电机标准值

参数	标准值
电压范围	6～16V
串行数据接口 BSD 上的数据频率	1164～1236Bit/s
串行数据接口 LIN 上的数据频率	19200Bit/s
定子绕组的最高温度	260℃
最高转速	20000r/min
调节器温度范围	-40～140℃

二、启动系统故障诊断

1. 起动机

（1）安装位置　根据发动机不同，起动机（图 3-5-10）安装位置也有所不同，一般都与变速器飞轮连接。起动机的任务是利用开始转动所必需的最低转速（启动转速）来旋转发动机的曲轴。对各个车型的发动机上所使用的起动机进行调整。根据车型，功率不超过 3kW。

（2）工作原理　起动机小齿轮的啮合通过启动继电器进行控制。系统借助中间轴或行星齿轮变速器，并通过飞轮齿圈来啮合起动机小齿轮。小齿轮啮合后，起动机将以启动转速转动发动机曲轴。

如果发动机已启动，则起动机小齿轮处的超越离合器将阻止飞轮驱动起动机小齿轮。由于起动机小齿轮和齿圈之间的大传动比（约 15∶1）可能导致起动机损坏，起动机小齿轮将自动脱开。

（3）线路连接 起动机直接连接到总线端 Kl.30 和 Kl.50L。BDC 控制单元通过总线端 Kl.50L 控制启动继电器。通过总线端 Kl.30 为起动机供电（图 3-5-11）。线路连接端子定义见表 3-5-5。

图 3-5-10 起动机

1—直流电动机；2—启动继电器；3—总线端 Kl.50L 插头；4—连接总线端 Kl.30

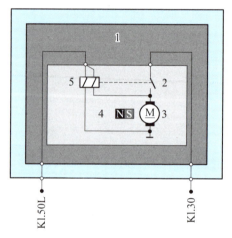

图 3-5-11 起动机线路连接

1—起动机；2—电磁开关；3—直流电动机；4—永久磁铁；5—启动继电器

表 3-5-5 起动机线路连接端子定义

端子	说明
Kl.30	总线端（供电）
Kl.50L	总线端

（4）标准值 见表 3-5-6。

表 3-5-6 起动机标准值

参数	标准值
供电电压	6～12V
额定电压	12V
温度范围	-40～120℃

2. 启动/停止按钮

（1）工作原理　启动发动机时必须短暂按压启动/停止按钮（图 3-5-12）。按钮信号通过两条信号线传输到车身域控制器（BDC）。出于安全原因，同时通过四个开关垫触点探测按钮位置。

（2）线路连接　启动/停止按钮通过 10 芯插头与车身域控制器（BDC）连接。如果车辆装配有发动机启动/停止自动装置（MSA），则 MSA 按钮都位于启动/停止按钮上。在混合动力汽车中，eDrive 按钮位于启动/停止按钮上。查寻照明和功能照明的接地线连接在启动/停止按钮内部（图 3-5-13）。线路连接端子定义见表 3-5-7。

图 3-5-12　启动/停止按钮

1—启动/停止按钮；2—10 芯插头；3—eDrive 按钮；4—eDrive 按钮功能照明灯

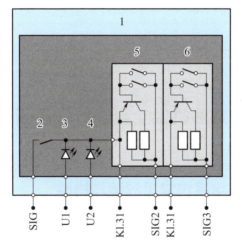

图 3-5-13　启动/停止按钮线路连接

1—启动/停止按钮；2—MSA 按钮或 eDrive 按钮；3—MSA 按钮或 eDrive 按钮功能照明灯；4—启动/停止按钮的查寻照明；5—开关垫触点；6—开关垫触点 2

表 3-5-7　线路连接端子定义

端子	说明
SIG	MSA 按钮或 eDrive 按钮的信号线
U1	MSA 按钮或 eDrive 按钮功能照明灯的供电电压
U2	查寻照明的供电电压（启动/停止按钮和 MSA 按钮或 eDrive 按钮）

续表

端子	说明
Kl.31	开关垫触点/开关垫触点2接地连接
SIG 2	来自开关垫触点的信号
SIG 3	来自开关垫触点2的信号

（3）标准值 见表3-5-8。

表3-5-8 启动/停止按钮标准值

参数	标准值
启动/停止按钮压力点的力	约9N
启动/停止按钮位移	约3mm
最大电流消耗	8.5mA
温度范围	-40～105℃

第六节 柴油机供给系统故障诊断

一、柴油机供给系统常见故障与排除

1. 供油不畅或不供油

（1）故障现象 发动机工作时有断火现象；运行中发动机功率不足。

（2）原因分析 管路中有堵塞或渗漏；输油泵供油效率下降；柴油滤清器过脏或冬季使用柴油牌号不当。

（3）排除方法

❶ 清洗柴油滤清器。

❷ 打开油箱底部的放油螺塞，放出油箱底部的水。

❸ 启动发动机，若发动机工作正常，则是前述故障。若故障现象仍存在，接着向下检查。

❹ 冬季使用柴油，看管路是否有石蜡析出，有则为柴油在该地区牌号使用不正确，应换用低凝点柴油。

❺ 若柴油牌号正确，则检查各管路接头有无渗漏现象。

❻ 无上述情况，检查输油泵效率。主要检查输油泵出油阀关闭是否严密、出油阀弹簧是否力弱或折断、输油泵活塞磨损是否过度、输油泵进油管是否松动、手压泵是否拧紧、挺柱是否磨损严重、输油泵出油管与喷油泵接口处垫片是否过厚等。

2. 喷油泵不供油或供油不足

（1）故障现象　发动机工作时断时续；行车中车辆无力或逐渐熄火。

（2）原因分析　柱塞弹簧力弱或折断；凸轮和挺柱磨损过度；柱塞与柱塞套筒磨损过度；出油阀偶件磨损过度。

（3）排除方法

❶ 拆下喷油泵，连接好高压油管，看喷油器喷油情况，若不喷油或喷油量小，应检查喷油泵。

❷ 先检查喷油泵柱塞与柱塞弹簧，若损坏或力弱应更换。检查出油阀偶件是否磨损过度或夹有杂质。磨损过度应更换；有杂质应清洗油路。检查柱塞与柱塞套筒之间的磨损情况，磨损过度应更换。检查凸轮与挺柱之间的磨损情况，磨损过度也要更换。最后检查高压管路是否漏油。

3. 喷油泵供油过早

（1）故障现象　排气管冒黑烟或排火；发动机容易过热，耗油量增加；严重时，发动机无法启动。启动时排黑烟，很快熄火。

（2）原因分析　发动机长时间工作后，供油提前角一般减小 $5°\sim 6°$。供油提前角减小的主要原因如下。

❶ 发动机曲轴至喷油泵凸轮之间的齿轮、花键和联轴器等磨损，间隙增大，曲轴需多转一定角度才能使喷油泵凸轮轴转动，使喷油滞后。

❷ 喷油泵凸轮轴的凸轮及柱塞推杆、柱塞下端磨损，推迟柱塞上升时刻，使喷油滞后。

❸ 各供油组中的柱塞与柱塞套筒磨损，柴油渗漏量增多。

（3）排除方法

❶ 调整供油提前角。

❷ 根据发动机磨损情况，将供油角度前调，磨损严重多调一点，磨损不严重少调一点，每调一次都要试机运转，直到合适为止。

4. 喷油器喷油过少或不喷油

（1）故障现象　发动机功率不足；发动机启动困难；运转中的发动机单缸不工作，出现抖动。

（2）原因分析　喷油过少的原因主要有喷油器喷嘴部分堵塞；喷油泵油活门卡死不关闭；高压管路渗漏进气；柱塞偶件、凸轮及推杆等磨损；柱塞弹簧力弱或折断、不能复位等。不喷油的原因主要有喷油器喷嘴积炭堵死；喷油器针阀卡死；喷油泵出油阀偶件不密闭，使高压管路内没有剩余压力；柱塞偶件卡死，不能复位，不泵油。

（3）排除方法

❶ 拧下喷油量过少或不喷油的喷油器。

❷ 用新喷油器代替，将新喷油器插入容器，启动发动机，观察喷油情况，在正常工作某一时段内收集油液并量出油量。若不喷油或喷油量过少，则问题出在喷油泵。

❸ 将第一次试验的喷油器装入发动机，拧下正常的某缸喷油器，再启动发动机，取与之前相同的时段收集油液并量出油量。

❹ 将二次的油量与第一次的进行比较，若基本相等，则问题出在喷油器，若相差很多，则问题出在喷油泵。

5. 喷油器喷油压力过高

（1）故障现象　不喷油或喷油开始过晚且结束早，喷油量相对减少。

（2）原因分析　喷油器堵塞，使高压管路内剩余压力过高；喷油器调压螺帽拧得过紧，压力调整过高。

（3）排除方法

❶ 清洗喷油器，清除积炭后装复，启动发动机，看喷油量是否恢复正常。若恢复正常则是堵塞所致，否则是压力调整不当。

❷ 拧松调压螺帽，并尝试启动发动机，直至合适为止，最后再拧紧。

6. 喷油器喷油压力过低

（1）故障现象　发动机工作粗暴；喷嘴头部积炭严重；耗油量增加。

（2）原因分析

❶ 喷油器阀针压紧弹簧承受了很大的动载荷，容易疲劳变形，使弹性减弱。

❷ 由于阀针、喷嘴及压杆之间、压杆与弹簧之间、弹簧与垫片之间、垫片与调整螺塞之间的磨损，使弹簧预紧力减小。

❸ 调压螺塞松动。

❹ 弹簧折断。

（3）排除方法

❶ 先检查有无弹簧折断的情况，有则更换弹簧。

❷ 若无弹簧折断，只是弹簧力弱，可通过调整调压螺塞来恢复。

❸ 若因调压螺塞松动所致，应重新调整并锁紧。

7. 喷油器雾化不良

（1）故障现象　燃烧不完全，排黑烟。

（2）原因分析

❶ 喷嘴长期受高速燃油和其中微粒杂质的摩擦而磨损，引起喷柱的歪斜和平均直径的增大，喷雾状况恶化。

❷ 阀针与喷嘴导向圆柱面磨损，配合间隙增大，漏入喷油器内的油量增多，循环喷油量减少，实际喷油压力过低，喷油质量下降。

（3）排除方法

❶ 若因磨损过多引起雾化不良，应更换喷油器。由于喷嘴加工误差大，测量不方便，以及喷嘴内表面粗糙度、喷嘴进出口边缘的形状都会影响喷油质量，在工厂检验喷嘴时，按通过喷嘴实际流量将喷油器分成四组，一台发动机装用同一组喷油器，以保证发动机工作均匀。使用中若更换喷油器应注意成组更换。

❷ 若喷油压力降低导致雾化不良，按喷油压力过低处理。

二、柴油机供给系统的检查与调整

1. 喷油器喷油开启压力的检查与调整

（1）检查方法　将喷油器装在喷油器试验器（图 3-6-1）上，以 60 ～ 70 次 /min 的速度连续按下手柄，观察油压表读数，检查喷油器喷油开启压力。

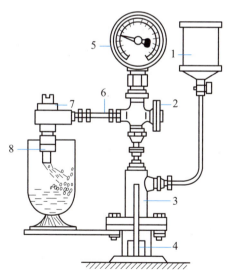

图 3-6-1　喷油器试验器

1—油罐；2—止回阀；3—手压喷油泵；4—压油手柄；5—油压表；
6—高压油管；7—喷油器；8—接油杯

(2)技术要求

❶ 轴针式喷油器喷油开启压力一般为 10 ～ 15MPa，轴孔式喷油器喷油开启压力一般为 15 ～ 25MPa。

❷ 在同一台发动机中，喷油器喷油开启压力差应不超过 0.25MPa。

(3)调整方法

❶ 通过调压螺钉来调整：拧入调压螺钉，喷油开启压力升高；反之，喷油开启压力降低。

❷ 通过增减调整垫片的厚度来调整：加厚调整垫片，喷油开启压力升高；反之，喷油开启压力降低。

2. 喷油器密封性的检查

(1)导向部分配合严密性的检查与试验　采用降压法，即将喷油器装在喷油试验器上，把喷油压力调到 19.6MPa 以上，测量油压表读数由 19.6MPa 下降到 17.6MPa 时所经历的时间，正常为 10s 以上。

(2)针阀密封锥面密封性的检查与试验　将喷油器装在喷油试验器上，增压至规定的喷油开启压力时，喷嘴不允许有滴油、渗漏现象。

3. 喷油器喷油质量的检查

(1)利用喷油试验器检查　将喷油器装在喷油试验器上，调整好喷油开启压力，以 60 ～ 70 次 /min 的速度连续按下手柄，按下述要求检查喷油质量。

❶ 喷油开启压力符合技术要求。

❷ 喷雾形状、雾化锥角符合要求。对轴针式喷油器要求喷雾为圆锥形，不得偏斜；对轴孔式喷油器各喷孔应形成一个雾化良好的小锥状油束，各油束间隔角应符合规定。

❸ 油雾细小均匀，雾化良好。

❹ 出油迅速，断油干脆，响声清楚。轴针式喷油器在喷油时，发出清脆的"唧唧"声。轴孔式喷油器在喷油时，发出沉闷的"砰砰"声。

❺ 每压下泵油手柄一次，应有 5 ～ 8 响的喷油声。

(2)就车检查　拆下喷油器，接在高压油管上，接通启动电路，使发动机曲轴旋转，观察喷油器喷油情况。若喷油器雾化良好，无后滴或渗漏现象，喷油压力足够，说明喷油器性能良好；若不出油、雾化不良、有后滴或渗漏现象，说明喷油器有故障，应解体检查喷油器，必要时更换针阀偶件。

4. 供油提前角的检查与调整

(1)供油提前角的检查　拧松 1 缸高压油管与喷油泵的连接螺母，慢慢转动曲轴，当出油阀紧座出油口中的油面开始波动时，立即停止转动，此时装在齿轮室罩上的正时指针在曲轴带轮正时刻线上的指示值即为供油提前角。如果供油提前角不正确，应进行调整。

（2）供油提前角的调整　有以下三种调整方法。

❶ 适当松开喷油泵前端的连接螺母，然后将喷油泵体按需要适当转动一个角度（喷油泵体向内转动则供油提前角增大；喷油泵体向外转动则供油提前角减小），然后拧紧连接螺母，检查供油提前角，将供油提前角调整至符合要求后，将连接螺母拧紧。

❷ 打开喷油泵齿轮盖板，适当拧松喷油泵齿轮的四个紧固螺栓，转动喷油泵齿轮轴调整供油提前角（顺时针方向转动喷油泵齿轮轴，供油提前角增大；逆时针方向转动喷油泵齿轮轴，供油提前角减小），然后拧紧喷油泵齿轮的紧固螺栓，检查供油提前角，直至供油提前角符合要求后，按规定的拧紧力矩拧紧喷油泵齿轮的四个紧固螺栓。

❸ 转动曲轴至 1 缸供油，然后将曲轴转动到所需的提前角，再按上述两种方法转动喷油泵体或转动喷油泵齿轮轴至 1 缸开始供油位置，拧紧紧固螺栓，检查供油提前角，若供油提前角符合要求，再按规定的力矩拧紧紧固螺栓。

5. 喷油泵的调试

（1）供油时间的调试　拆下所有的出油管接头，转动刻度盘使 1 缸出油口刚开始冒油，将标尺对准一整数刻度作为零刻度，根据工作顺序转动刻度盘，观察各缸供油的间隔角度是否为 60°（六缸发动机喷油泵），其偏差在 0.5° 范围内。

（2）启动油量的调试　启动试验台，将转速设定在 200r/min，喷油次数设定在 200 次，转动操纵臂至最大供油位置，按下计数按钮。标准喷油量应为 26mL。如喷油量不正常则可分别调整各缸拨叉在供油拉杆上的位置。

（3）额定转速油量的调试　启动试验台，将转速设定在 900r/min，喷油次数设定在 200 次，转动操纵臂至最大供油位置，按下计数按钮。标准喷油量应为 26mL。如喷油量不正常则可通过调整额定转速油量调整螺钉进行统一调整。

（4）怠速油量的调试　启动试验台，将转速设定在 250r/min，喷油次数设定在 200 次，按下计数按钮。标准喷油量应为 6mL。如喷油量不正常则可通过调整怠速油量调整螺钉进行统一调整。

第四章

扎根车间——成就"汽修工匠"

第一节 汽车车身电器系统故障诊断

一、汽车照明/信号系统故障诊断

1. 转向信号开关电路检查流程（图 4-1-1）

扫一扫

视频精讲

图 4-1-1　转向信号开关电路检查流程

表 4-1-1　转向信号灯故障症状表

症状	怀疑部位
左前或右前转向信号灯不工作	前转向信号灯灯泡
	大灯 ECU 分总成
	大灯总成
	线束或连接器
左侧或右侧转向信号灯不工作	侧转向信号灯总成
	车外后视镜总成
	车外后视镜控制 ECU 总成
	线束或连接器
左后或右后转向信号灯不工作	后转向信号灯灯泡
	后组合灯总成
	后组合灯灯座和导线
	线束或连接器
转向信号灯在一个方向上不工作	转向信号开关电路
	组合仪表总成
所有转向信号灯不工作	转向信号开关电路
	组合仪表总成
所有转向信号灯均不能以正确的速度闪烁	组合仪表总成

2. 远光灯电路检查流程（图 4-1-2）

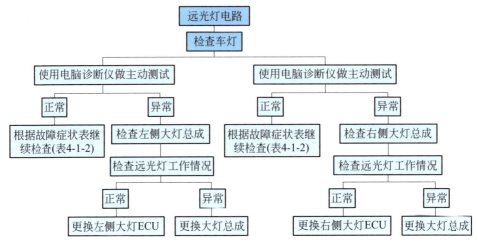

图 4-1-2　远光灯电路检查流程

表 4-1-2　大灯故障症状表

症状	怀疑部位
左近光灯不亮	大灯 ECU 分总成 LH
	大灯总成 LH
右近光灯不亮	大灯 ECU 分总成 RH
	大灯总成 RH
左近光灯和右近光灯都不亮	大灯变光器开关电路
	主车身 ECU（多路网络车身 ECU）
左远光灯不亮	远光灯电路
	大灯 ECU 分总成 LH
右远光灯不亮	远光灯电路
	大灯 ECU 分总成 RH
左远光灯和右远光灯都不亮	大灯变光器开关电路
	主车身 ECU（多路网络车身 ECU）
远光闪烁（会车灯功能）不工作（远光灯正常）	大灯变光器开关电路
	主车身 ECU（多路网络车身 ECU）
左近光灯和左远光灯不亮	大灯 ECU 分总成 LH
右近光灯和右远光灯不亮	大灯 ECU 分总成 RH

3. 示宽灯/日间行车灯电路检查流程（图4-1-3）

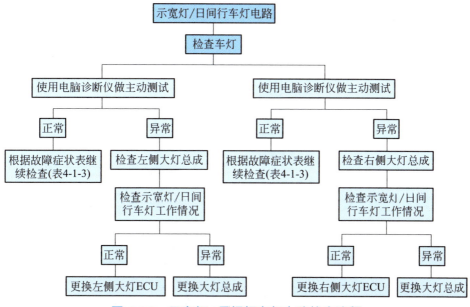

图 4-1-3　示宽灯/日间行车灯电路检查流程

表 4-1-3　示宽灯/日间行车灯故障症状表

症状	怀疑部位
左示宽灯/左日间行车灯不亮	示宽灯/日间行车灯电路
	大灯 ECU 分总成 LH
右示宽灯/右日间行车灯不亮	示宽灯/日间行车灯电路
	大灯 ECU 分总成 RH
左示宽灯和右示宽灯都不亮	大灯变光器开关电路
	主车身 ECU（多路网络车身 ECU）
左日间行车灯和右日间行车灯都不亮	大灯变光器开关电路
	主车身 ECU（多路网络车身 ECU）

4. 前雾灯电路检查流程（图4-1-4）

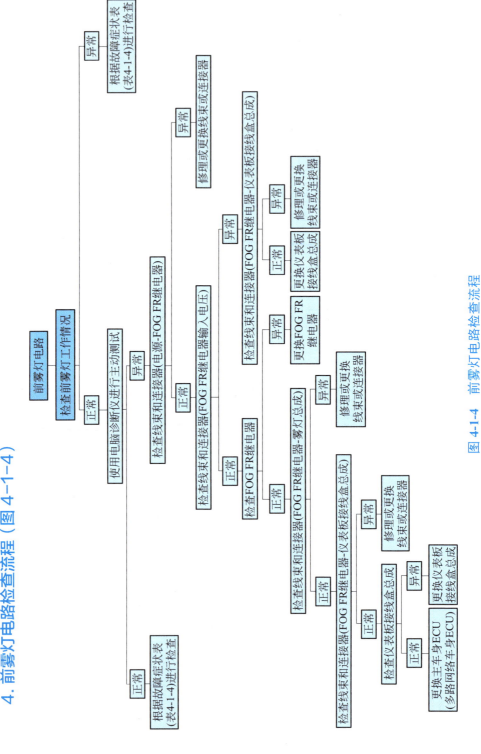

图4-1-4 前雾灯电路检查流程

表 4-1-4　前雾灯故障症状表

症状	怀疑部位
左或右前雾灯不亮	雾灯总成
	线束或连接器
左右两侧前雾灯均不亮（尾灯正常）	大灯变光器开关电路
	前雾灯电路
	主车身ECU（多路网络车身ECU）

5. 后雾灯电路检查流程（图4-1-5）

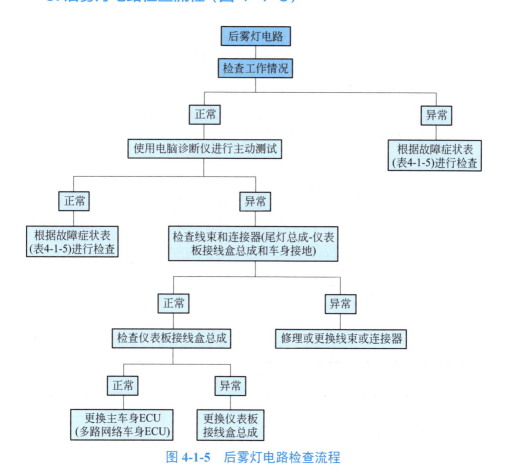

图 4-1-5　后雾灯电路检查流程

表 4-1-5　后雾灯故障症状表

症状	怀疑部位
后雾灯不亮	尾灯总成
	尾灯灯座和导线
	大灯变光器开关电路
	后雾灯电路
	主车身ECU（多路网络车身ECU）

6. 危险警告开关电路检查流程（图4-1-6）

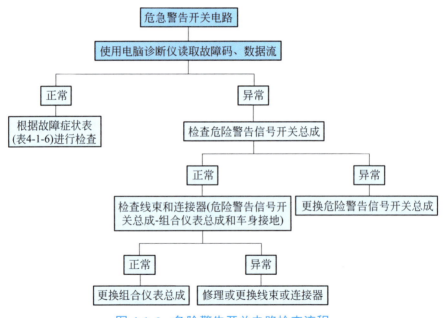

图 4-1-6　危险警告开关电路检查流程

表 4-1-6　危险警告开关故障症状表

症状	怀疑部位
危险警告信号灯不工作	危险警告开关电路
	组合仪表总成

7. 倒车灯电路检查流程（图 4-1-7 和表 4-1-7）

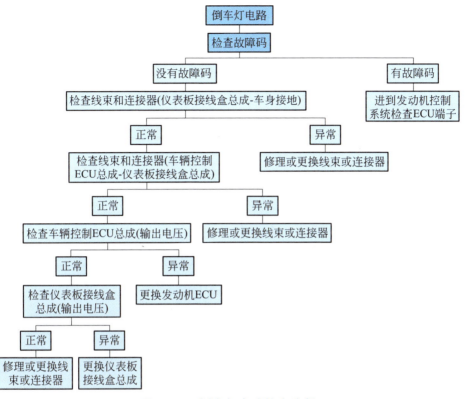

图 4-1-7　倒车灯电路检查流程

表 4-1-7　倒车灯故障症状表

症状	怀疑部位
左或右倒车灯不亮①	倒车灯灯泡
	尾灯灯座和导线
	线束或连接器
左或右倒车灯不亮②	尾灯总成
	尾灯灯座和导线
	线束或连接器
左倒车灯和右倒车灯都不亮	倒车灯电路

① 灯泡型倒车灯；② LED 型倒车灯。

131

8. 灯光传感器电路检查流程（图 4-1-8）

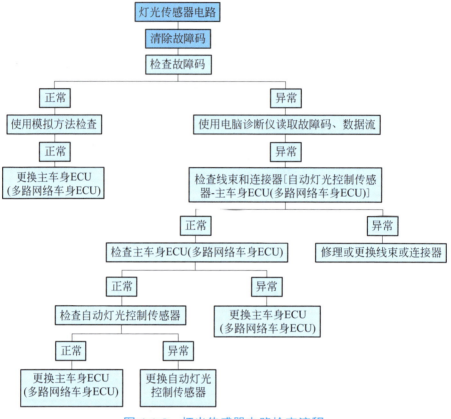

图 4-1-8　灯光传感器电路检查流程

二、汽车仪表故障诊断

1. 整个组合仪表不工作检查流程（图 4-1-9）

扫一扫

视频精讲

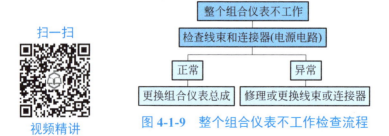

图 4-1-9　整个组合仪表不工作检查流程

2. 车速表故障检查流程（图4-1-10）

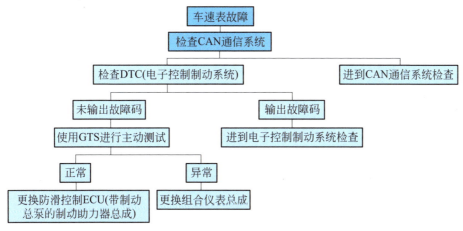

图4-1-10　车速表故障检查流程

3. 燃油表故障检查流程（图4-1-11）

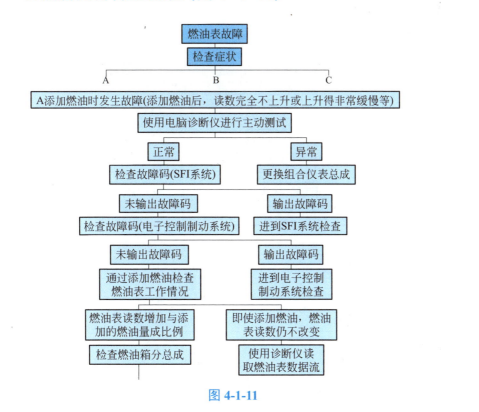

图4-1-11

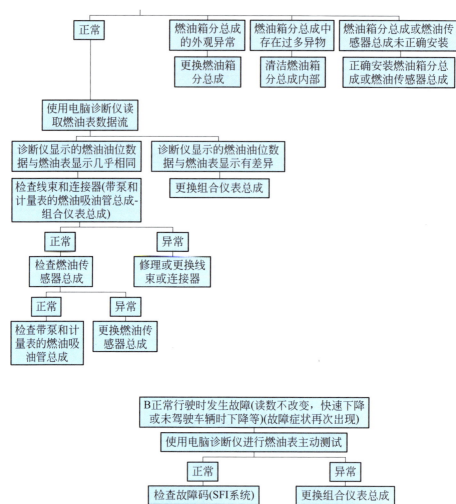

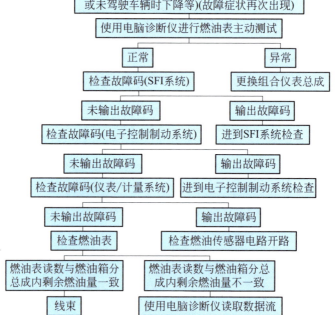

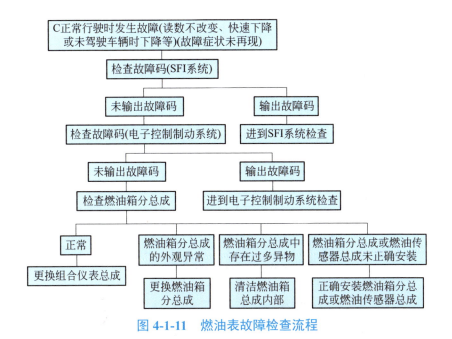

图 4-1-11　燃油表故障检查流程

4. 发动机冷却液温度表故障检查流程（图 4-1-12）

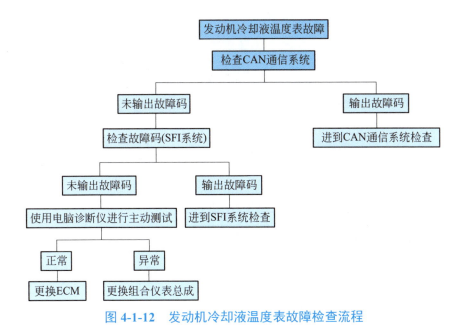

图 4-1-12　发动机冷却液温度表故障检查流程

5. 里程表/短程里程表开关故障检查流程（图4-1-13）

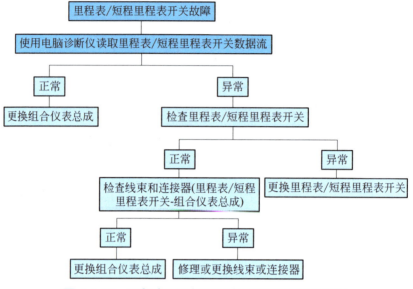

图4-1-13　里程表/短程里程表开关故障检查流程

6. 仪表较暗且无法调节检查流程（图4-1-14）

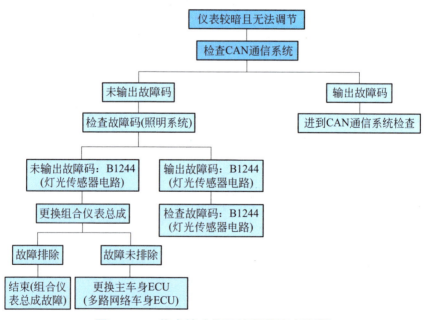

图4-1-14　仪表较暗且无法调节检查流程

7. 发动机机油油位传感器故障检查流程（图 4-1-15）

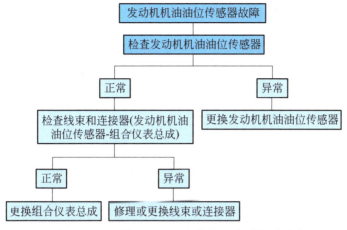

图 4-1-15　发动机机油油位传感器故障检查流程

三、汽车防盗／报警装置故障诊断

1. 所有车门进入锁止／开锁功能和无线功能不工作检查流程（图 4-1-16）

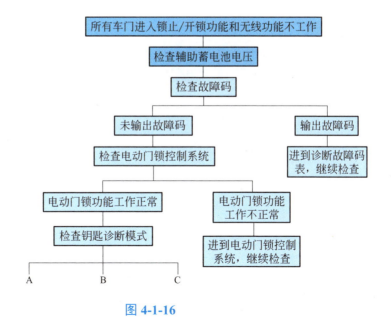

图 4-1-16

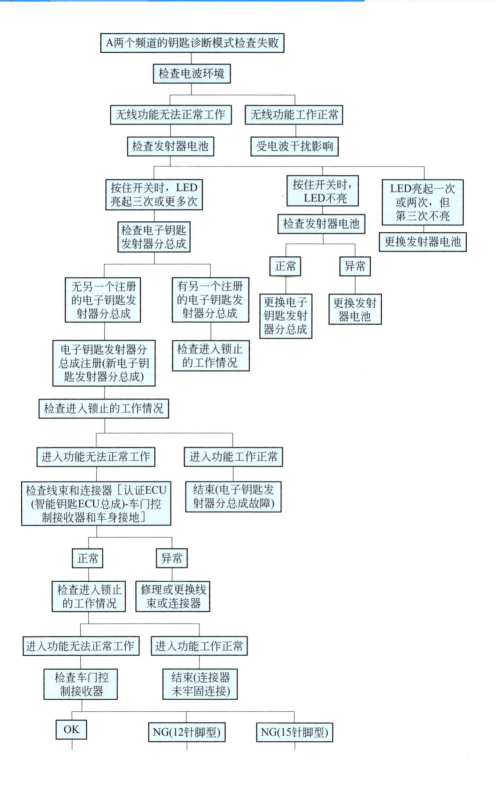

第四章 扎根车间——成就"汽修工匠"

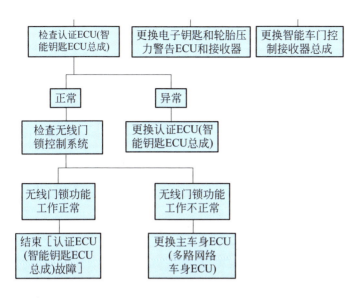

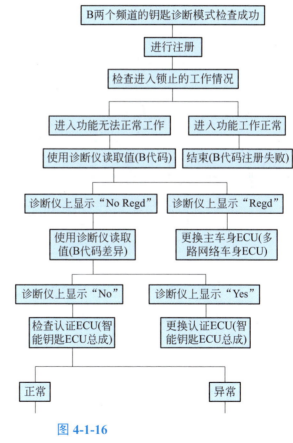

图 4-1-16

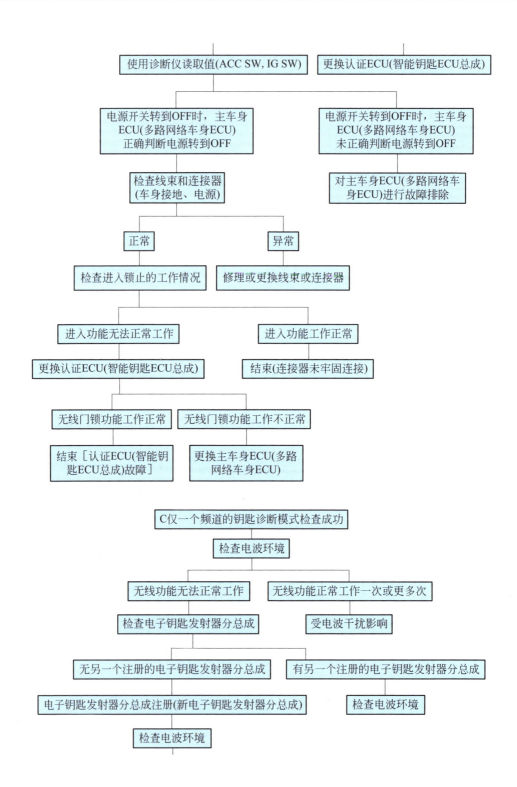

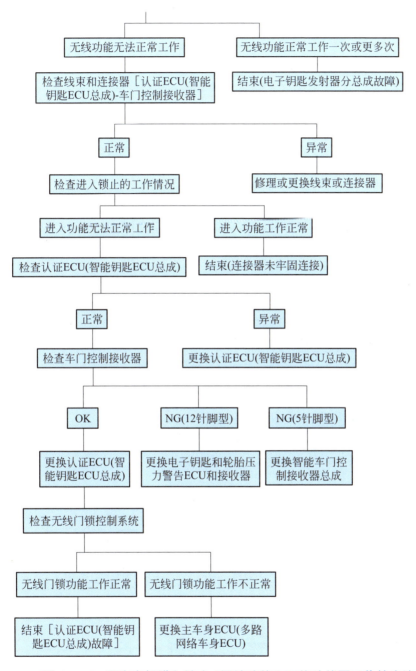

图 4-1-16 所有车门进入锁止/开锁功能和无线功能不工作检查流程

2. 发动机盖控灯开关电路检查流程（图4-1-17）

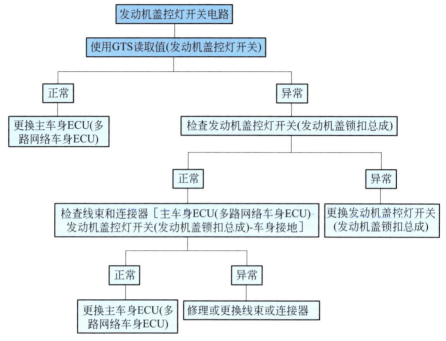

图4-1-17　发动机盖控灯开关电路检查流程

3. 喇叭电路检查流程（图4-1-18）

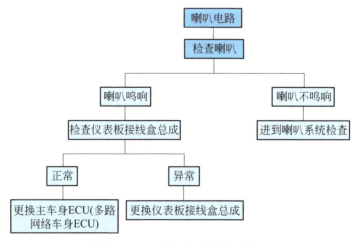

图4-1-18　喇叭电路检查流程

4. 安全喇叭电路检查流程（图4-1-19）

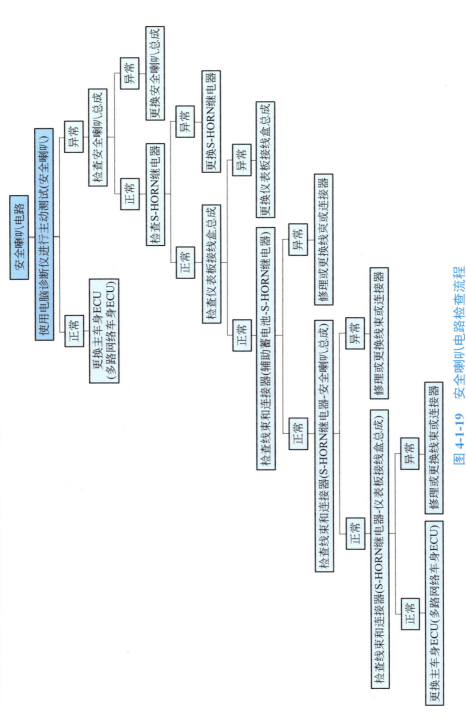

图4-1-19　安全喇叭电路检查流程

5. 防盗系统电源电路检查流程（图4-1-20）

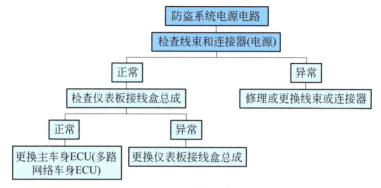

图4-1-20　防盗系统电源电路检查流程

6. 防盗系统设定时安全指示灯不闪烁检查流程（图4-1-21）

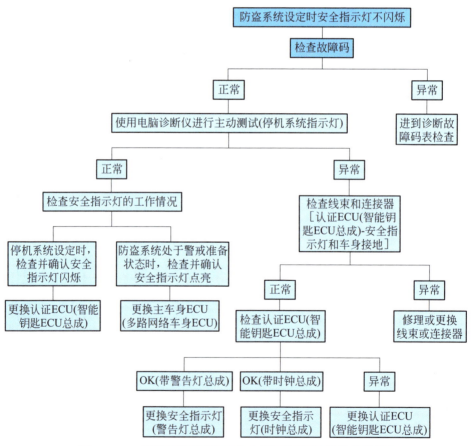

图4-1-21　防盗系统设定时安全指示灯不闪烁检查流程

7. 驾驶员侧车门进入开锁功能不工作检查流程（图 4-1-22）

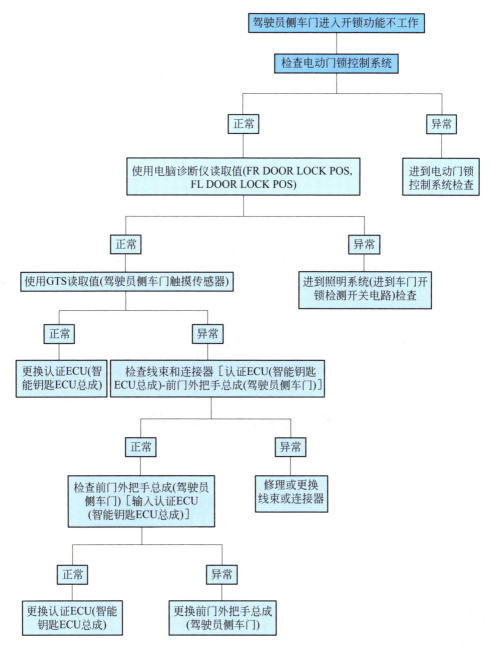

图 4-1-22　驾驶员侧车门进入开锁功能不工作检查流程

8. 触摸开锁传感器一定时间无法开锁所有车门检查流程（图 4-1-23）

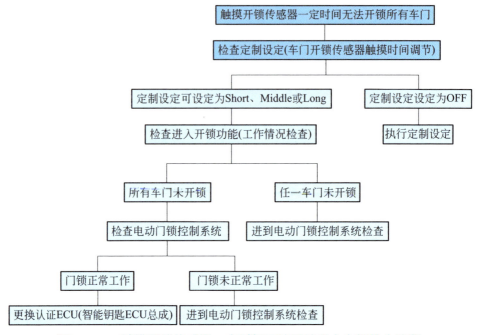

图 4-1-23　触摸开锁传感器一定时间无法开锁所有车门检查流程

四、汽车电动刮水器及清洗装置故障诊断

1. 刮水器电动机电源电路检查流程（图 4-1-24）

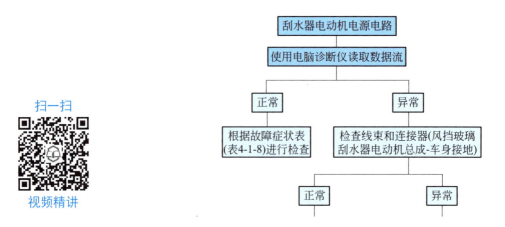

扫一扫

视频精讲

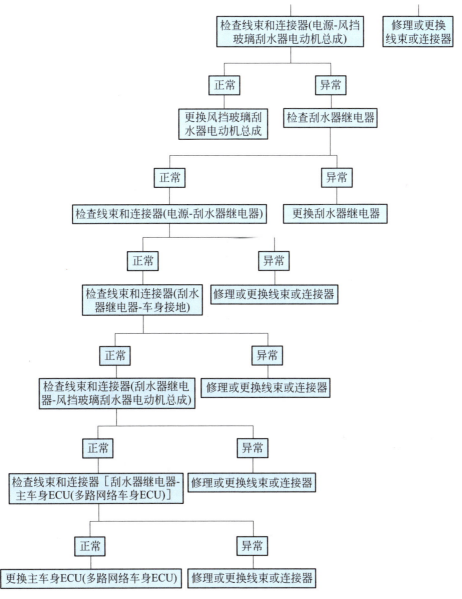

图 4-1-24　刮水器电动机电源电路检查流程

表 4-1-8　刮水器故障症状表

症状	怀疑部位
前刮水器完全不工作	刮水器和清洗器开关电路
	风挡玻璃刮水器电动机总成

147

续表

症状	怀疑部位
前刮水器在 INT 时不工作	刮水器和清洗器开关电路
前刮水器在 LO 时不工作	刮水器和清洗器开关电路
前刮水器在 HI 时不工作	刮水器和清洗器开关电路
前刮水器在 MIST 时不工作	刮水器和清洗器开关电路
刮水器开关置于 INT 时,无法通过风挡玻璃刮水器开关总成调节开关调节前刮水器间歇工作时间间隔	刮水器和清洗器开关电路
	风挡玻璃刮水器电动机总成
刮水器开关置于 INT 时,前刮水器间歇工作时间间隔不会根据车速变化而改变	风挡玻璃刮水器电动机总成
前刮水器持续低速工作	刮水器和清洗器开关电路
前刮水器持续高速工作	刮水器和清洗器开关电路
前刮水器持续间歇工作	风挡玻璃刮水器电动机总成
多信息显示屏上显示"Wiper System Malfunction Visit Your Dealer"	风挡玻璃刮水器电动机总成
	主车身 ECU(多路网络车身 ECU)
	组合仪表总成
前刮水器不移至维修位置(刮水器工作正常)	主车身 ECU(多路网络车身 ECU)
风挡玻璃清洗器电动机和泵总成不工作	清洗器电动机电路
	刮水器和清洗器开关电路
清洗液不流动(风挡玻璃清洗器电动机和泵总成正常)	清洗液
	清洗器软管和喷嘴
前刮水器开关关闭时,前刮水器不移至停驻位置或停在错误位置	检查自动停止(停驻)位置
	主车身 ECU(多路网络车身 ECU)
前刮水器以前不工作,但现在工作	检查操作记录

2. 刮水器和清洗器开关电路检查流程（图4-1-25）

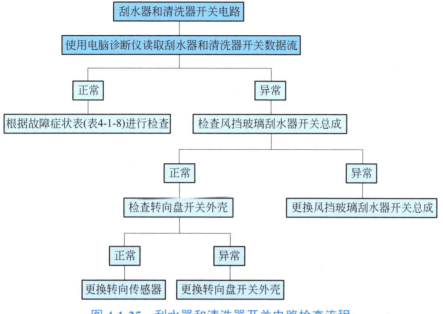

图4-1-25 刮水器和清洗器开关电路检查流程

3. 清洗器电动机电路检查流程（图4-1-26）

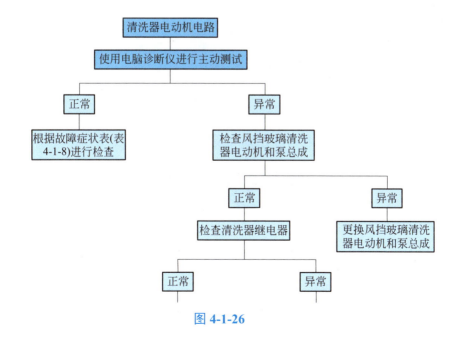

图4-1-26

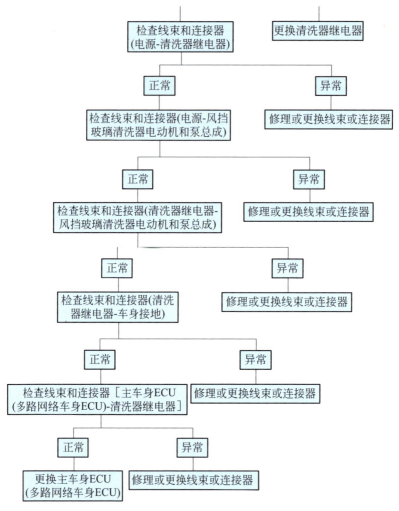

图 4-1-26　清洗器电动机电路检查流程

4. 刮水器电动机 ECU 故障检查流程（图 4-1-27）

图 4-1-27　刮水器电动机 ECU 故障检查流程

五、汽车电动门窗、中央门锁及电动后视镜故障诊断

1. 通过操作车门锁芯所有车门锁止/开锁功能均不工作检查流程（图4-1-28）

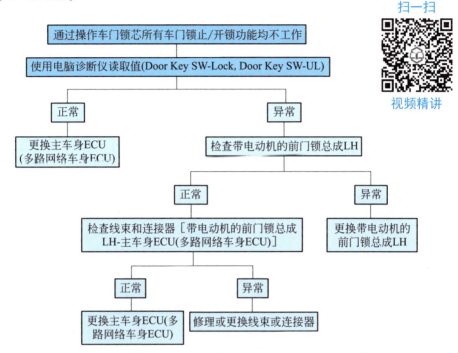

图4-1-28　通过操作车门锁芯所有车门锁止/开锁功能均不工作检查流程

2. 通过操作主开关所有车门锁止/开锁功能均不工作检查流程（图4-1-29）

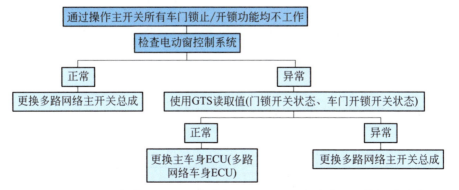

图4-1-29　通过操作主开关所有车门锁止/开锁功能均不工作检查流程

3. 无线门锁控制系统无应答检查流程（图4-1-30）

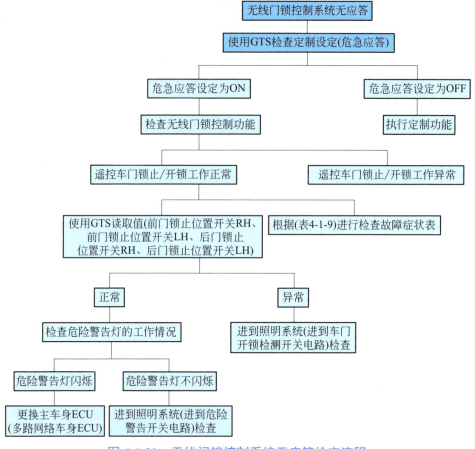

图4-1-30 无线门锁控制系统无应答检查流程

表4-1-9 无线门锁控制系统故障症状表

症状	怀疑部位
无线控制功能和进入功能不工作	照明系统（车内）（前门控灯开关电路）
	照明系统（车内）（后门控灯开关电路）
	电动门锁控制系统
	检查 DTC
	B 代码注册失败
	电波干扰

续表

症状	怀疑部位
无线控制功能和进入功能不工作	检查连接器连接状态
	电子钥匙发射器分总成
	发射器电池
	车门控制接收器
	认证ECU（智能钥匙ECU总成）
	线束或连接器
	主车身ECU（多路网络车身ECU）
无线控制功能不工作但进入功能工作	电子钥匙发射器分总成
仅应答功能无法正常工作	检查定制设定
	执行操作检查
	照明系统（车内）（车门开锁检测开关电路）
	照明系统（车外）（危险警告开关电路）
	主车身ECU（多路网络车身ECU）
仅自动锁止功能无法正常工作	执行操作检查
	照明系统（车内）（前门控灯开关电路）
	照明系统（车内）（后门控灯开关电路）
	主车身ECU（多路网络车身ECU）
仅进入照明功能不工作	执行操作检查
	照明系统（车内）
	主车身ECU（多路网络车身ECU）
返回车辆时，即使未执行车门开锁操作，车门也会处于开锁状态	电动门锁控制系统
返回车辆时，即使未执行车门锁止操作，车门也会处于锁止状态	电动门锁控制系统

4. 无线门锁调谐电路检查流程（图 4-1-31）

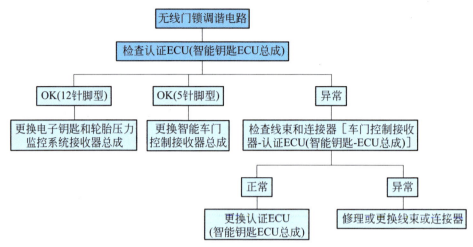

图 4-1-31　无线门锁调谐电路检查流程

5. 遥控车窗玻璃无法上升/下降检查流程（图 4-1-32）

电源开关转到 ON（IG）时，多路网络主开关总成通过 LIN 通信将遥控升降信号发送至各电动窗升降器电动机总成。

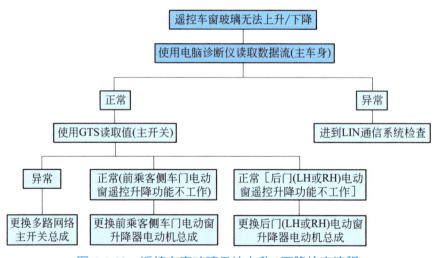

图 4-1-32　遥控车窗玻璃无法上升/下降检查流程

6. 用电动窗主开关无法操作驾驶员侧电动窗检查流程（图 4-1-33）

电源开关转到 ON（IG）时，多路网络主开关总成操作电动窗升降器电动机总成（驾驶员侧车门）。

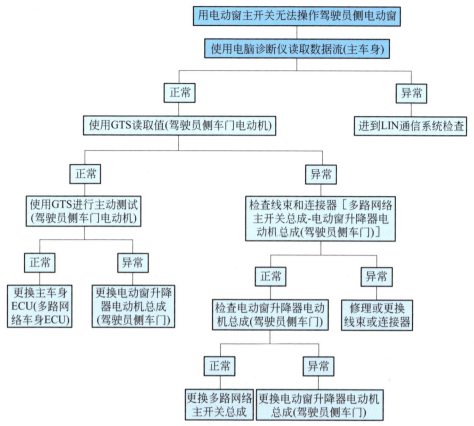

图 4-1-33　用电动窗主开关无法操作驾驶员侧电动窗检查流程

7. 用前乘客侧电动窗开关无法操作前乘客侧电动窗检查流程（图 4-1-34）

电源开关转到 ON（IG）时，电动窗升降器开关总成操作电动窗升降器电动机总成（前乘客侧车门）。

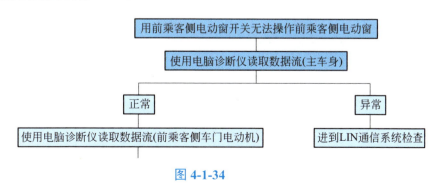

图 4-1-34

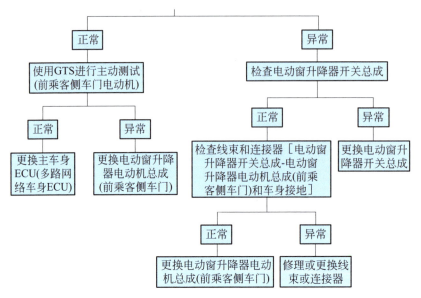

图 4-1-34　用前乘客侧电动窗开关无法操作前乘客侧电动窗检查流程

8. 用后电动窗开关（LH）无法操作后电动窗（LH）（图 4-1-35）

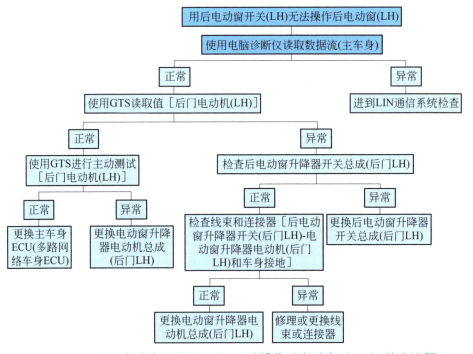

图 4-1-35　用后电动窗开关（LH）无法操作后电动窗（LH）检查流程

9. 自动上升操作无法完全关闭电动窗（防夹功能激活）检查流程（图 4-1-36）

如果车门玻璃未平顺滑动或电动窗升降器电动机总成或门窗升降器分总成未平顺工作，可能会自动触发防夹功能，导致自动上升操作无法全关电动窗。

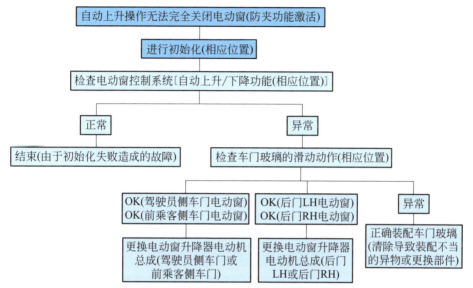

图 4-1-36　自动上升操作无法完全关闭电动窗（防夹功能激活）检查流程

10. 防夹功能不工作检查流程（图 4-1-37）

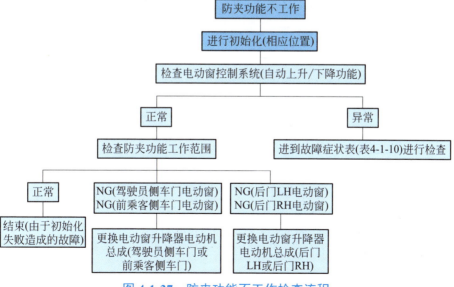

图 4-1-37　防夹功能不工作检查流程

表 4-1-10　故障症状表

症状	怀疑部位
防夹功能不工作	电动窗位置初始化（相应位置）
	电动窗升降器电动机总成（驾驶员侧车门）
	电动窗升降器电动机总成（前乘客侧车门）
	电动窗升降器电动机总成（后门 LH）
	电动窗升降器电动机总成（后门 RH）

11. 用电动后视镜开关无法调节驾驶员侧电动后视镜检查流程（图 4-1-38）

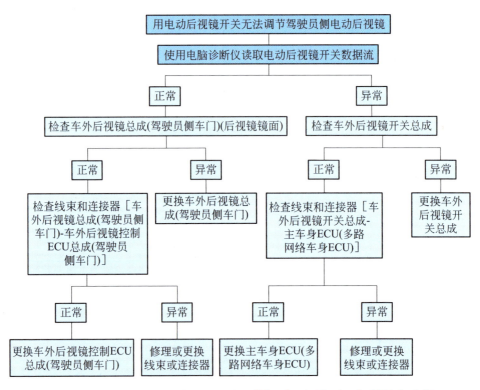

图 4-1-38　用电动后视镜开关无法调节驾驶员侧电动后视镜检查流程

12. 用电动后视镜开关无法调节电动后视镜检查流程（图4-1-39）

车外后视镜开关总成将后视镜调节开关信号发送至主车身 ECU（多路网络车身 ECU），主车身 ECU（多路网络车身 ECU）通过 CAN 通信将接收到的后视镜调节开关信号发送至各车外后视镜控制 ECU 总成，根据该信号，各车外后视镜控制 ECU 总成操作后视镜垂直和水平调节电动机调节后视镜镜面位置。

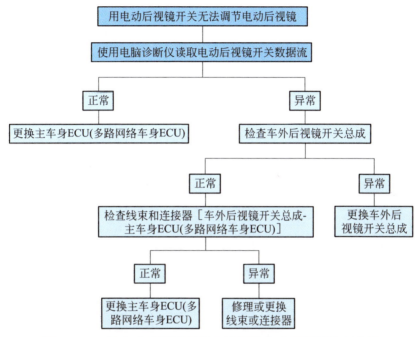

图4-1-39 用电动后视镜开关无法调节电动后视镜检查流程

13. 用后除雾器开关无法操作后视镜加热器检查流程（图4-1-40）

操作后视镜加热器开关（后除雾器开关）时，通过 CAN 通信将后视镜加热器信号发送至空调放大器总成，然后发送至各车外后视镜控制 ECU 总成，根据该信号，车外后视镜控制 ECU 总成操作后视镜加热器。

14. 电动后视镜无法收起检查流程（图4-1-41）

车外后视镜开关总成将伸缩式车外后视镜开关信号发送至主车身 ECU（多路网络车身 ECU），主车身 ECU（多路网络车身 ECU）通过 CAN 通信将后视镜伸缩/回位信号发送至各车外后视镜控制 ECU 总成，根据该信号，各车外后视镜控制 ECU 总成使相应的车外后视镜总成伸缩或回位。

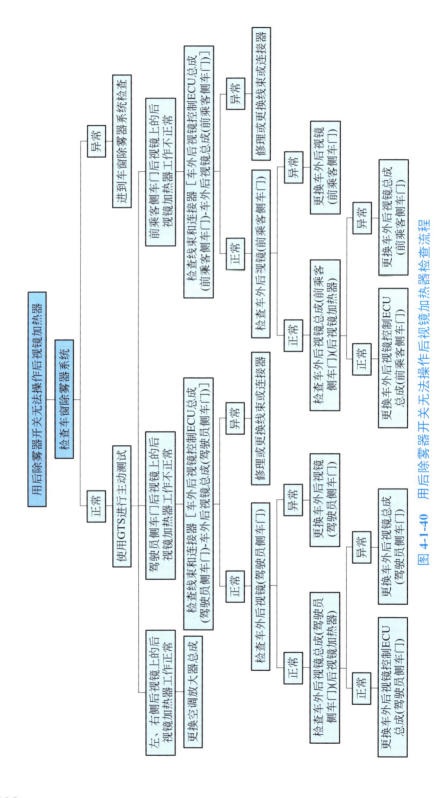

图 4-1-40 用后除雾器开关无法操作后视镜加热器检查流程

第四章 扎根车间——成就"汽修工匠"

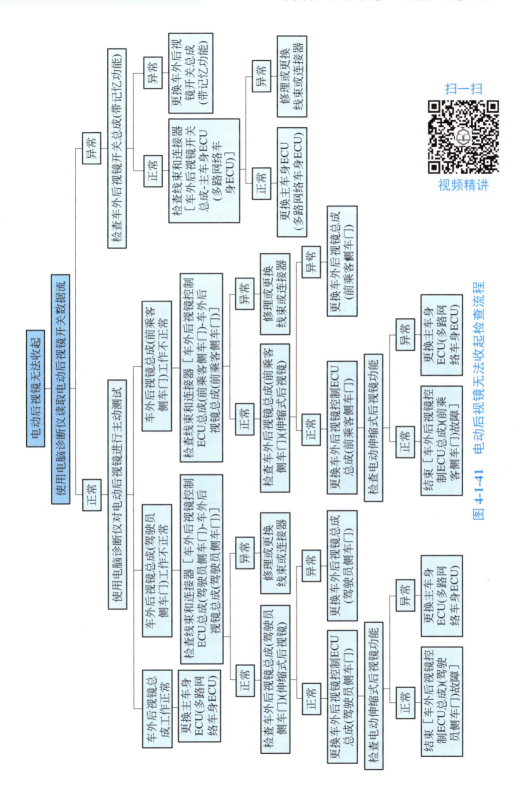

图 4-1-41 电动后视镜无法收起检查流程

161

15. 无法存储电动后视镜镜面位置检查流程（图4-1-42）

如果按下任一座椅存储器开关 M1 或 M2，车外后视镜控制 ECU 总成（驾驶员侧车门）检测开关的工作情况并通过 CAN 通信将座椅存储器开关信号发送至主车身 ECU（多路网络车身 ECU），接收到座椅存储器开关信号后，主车身 ECU（多路网络车身 ECU）通过 CAN 通信将存储请求信号发送至各车外后视镜控制 ECU 总成，各车外后视镜控制 ECU 总成根据后视镜位置传感器（内置于车外后视镜总成）的信息存储后视镜镜面位置。

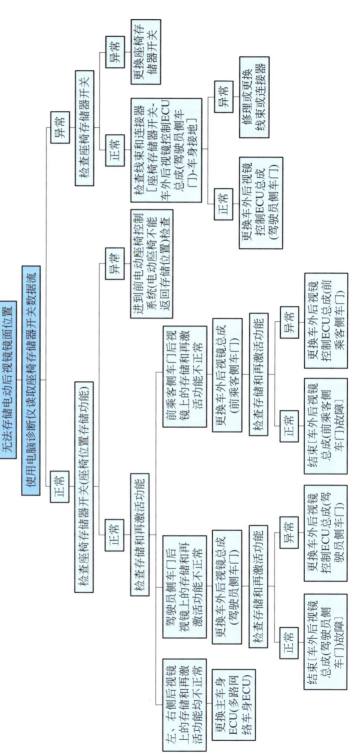

图 4-1-42 无法存储电动后视镜镜面位置检查流程

六、汽车轮胎气压传感系统故障诊断

1. 轮胎压力警告灯电路检查流程（图 4-1-43）

如果轮胎压力警告 ECU 和接收器检测到任何故障，则轮胎压力警告灯闪烁 1min 后亮起，同时禁用轮胎压力监控，此时 ECU 将故障码存储到存储器内。

连接诊断仪诊断接口的端子 TC 和 CG 使轮胎压力警告灯闪烁，以输出故障码。

轮胎压力警告 ECU 和接收器通过直连线路将轮胎压力警告灯亮起请求信号发送至主车身 ECU（多路网络车身 ECU），主车身 ECU（多路网络车身 ECU）通过 CAN 通信将信号发送至组合仪表总成。

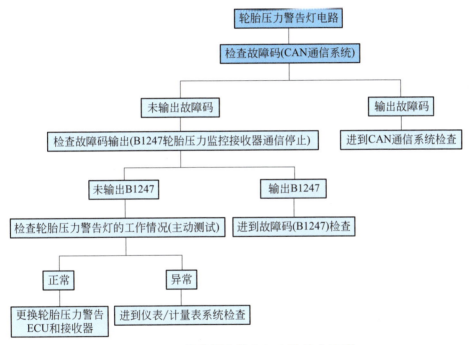

图 4-1-43　轮胎压力警告灯电路检查流程

2. 轮胎位置未识别检查流程（图 4-1-44）

根据来自防滑控制 ECU 的车轮转速信号和来自各加速传感器（内置于各轮胎压力警告阀和发射器）的加速度信号，轮胎压力警告 ECU 和接收器识别各轮胎压力警告阀和发射器的轮胎位置。

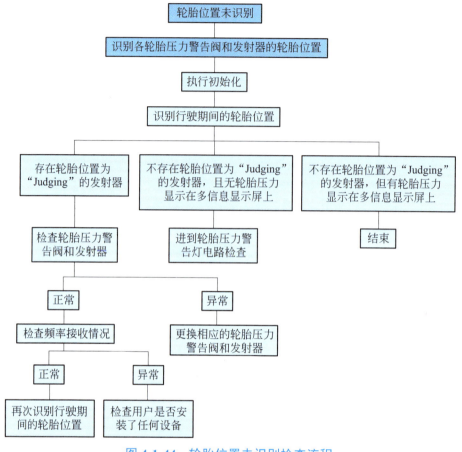

图 4-1-44 轮胎位置未识别检查流程

七、汽车电动座椅故障诊断

1. 前电动座椅无法调节检查流程（图 4-1-45）

将信号输入位置控制 ECU 总成，内置 ECU 控制接收来自电动座椅开关的信号，并操作各电动机，如果位置控制 ECU 总成接收两个以上的同一电动机操作信号，则该电动机停止，位置控制 ECU 总成仅接收到一个信号时，恢复手动操作。

2. 一个或多个电动座椅电动机不工作检查流程（图 4-1-46）

将信号输入位置控制 ECU 总成，内置 ECU 控制接收来自位置控制 ECU 总成的信号，并操作各电动机，如果位置控制 ECU 总成接收到两个以上的同一电动机操作信号，则该电动机停止，位置控制 ECU 总成仅接收到一个信号时，恢复手动操作。

图 4-1-45　前电动座椅无法调节检查流程

图 4-1-46

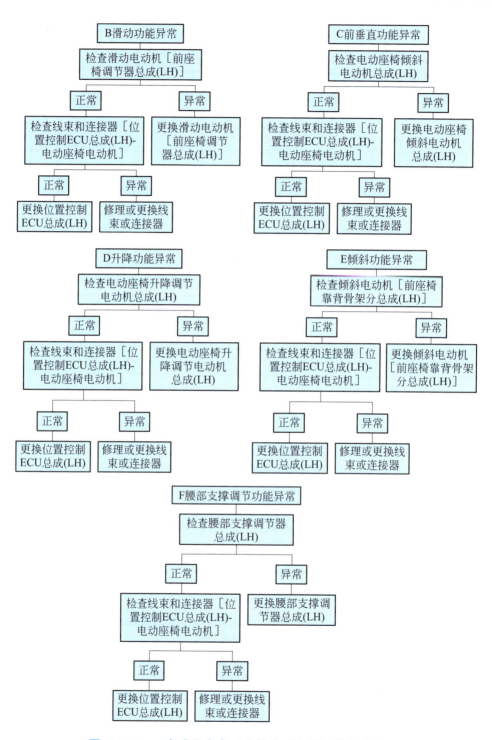

图 4-1-46 一个或多个电动座椅电动机不工作检查流程

3. 无法存储电动座椅位置检查流程（图 4-1-47）

主车身 ECU（多路网络车身 ECU）通过 CAN 通信接收来自车外后视镜控制 ECU 总成的座椅存储器开关信号，如果按下 M1 或 M2 开关中任一开关的同时，按下 SET 开关，或在按下 SET 开关后的 3s 内按下 M1 或 M2 开关，则主车身 ECU（多路网络车身 ECU）将记忆请求信号发送至位置控制 ECU 总成，接收到请求信号后，位置控制 ECU 总成存储各电动机的位置数据。

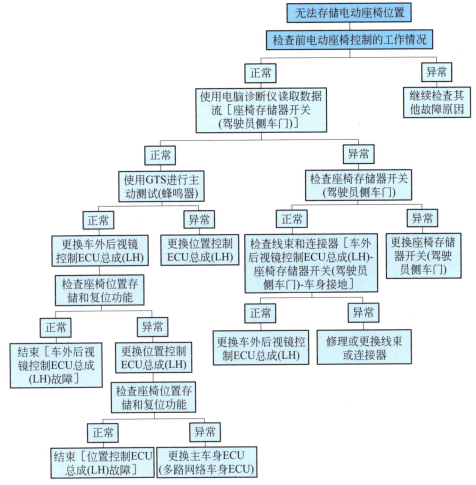

图 4-1-47　无法存储电动座椅位置检查流程

4. 电动座椅不能返回存储位置检查流程（图 4-1-48）

按下座椅存储器开关的 M1 或 M2 开关时，车外后视镜控制 ECU 总成通过 CAN 通信将开关信号发送至主车身 ECU（多路网络车身 ECU），主车身 ECU（多路网络车身 ECU）将调用请求信号发送至位置控制 ECU 总成，位置控制 ECU 总成操作各电动机将座椅移至存储位置。

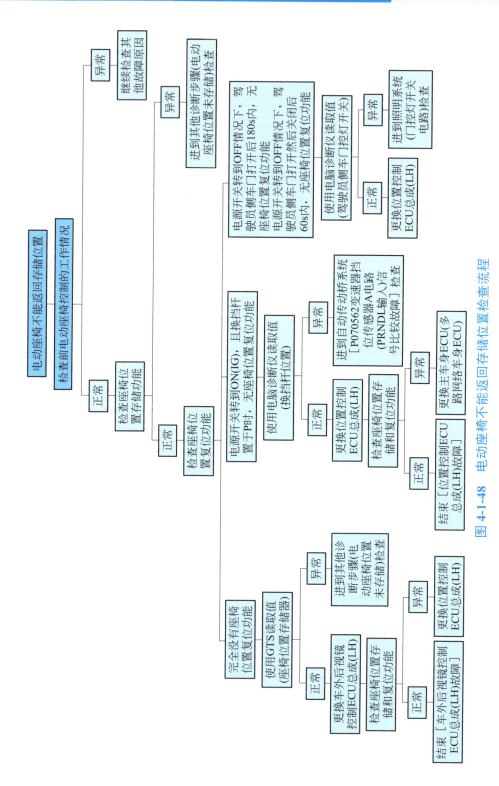

图 4-1-48 电动座椅不能返回存储位置检查流程

第二节　汽车空调系统故障诊断

一、检查制冷剂

检查空调管和附件上的观察孔（表 4-2-1）。

扫一扫
视频精讲

表 4-2-1　检查条件

项目	条件
车门	全开
温度设置	最冷
鼓风机速度	最大
空调	打开

将观察孔中所看见的情况与表 4-2-2 进行比较。

表 4-2-2　症状表

序号	症状	制冷剂量	纠正措施
1	有气泡	不足	● 检查有无漏气，必要时进行维修 ● 重新加注适量制冷剂
2	不存在气泡	空、不足或过量	参见 3 和 4
3	压缩机进气口和出气口没有温差	空或很少	● 检查有无漏气，必要时进行维修 ● 排空空调系统，重新加入适量的制冷剂
4	压缩机进气口和出气口有明显温差	适量或过量	参见 5 和 6
5	空调关闭后，制冷剂立即变清澈	过量	● 重新加注冷却液 ● 排空空调系统，重新加入适量的制冷剂
6	空调关闭后，制冷剂立即起泡，然后变清澈	适量	不需要处理

车内温度高于 35℃时，如果冷却充分，则观察孔中有气泡可视为正常。

二、压力表快速判断故障

用歧管压力表组件检查制冷剂压力。满足下列条件后读取歧管压力表压力:将开关置于开启位置时,进气口的温度为 30 ~ 35℃;发动机以 1500r/min 的转速运转;鼓风机转速控制开关置于风量最大位置;温度调节旋钮置于最冷位置;空调开关打开;车门全开;点火开关置于可使空调压缩机运转的位置。

(1)正常工作的制冷系统(图 4-2-1、表 4-2-3)

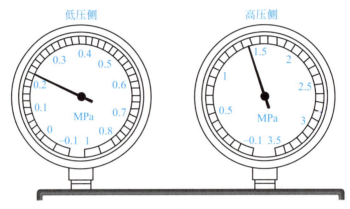

图 4-2-1　正常工作的制冷系统

表 4-2-3　仪表读数

压力侧	压力值
低压侧	0.15 ~ 0.25MPa
高压侧	1.37 ~ 1.57MPa

(2)制冷系统中出现湿气　故障现象:断断续续可以制冷,最终无法制冷(图 4-2-2、表 4-2-4)。

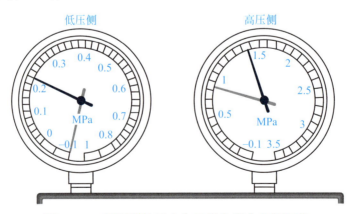

图 4-2-2　低压侧的压力在正常和真空之间切换

表 4-2-4　故障检查

症状	可能原因	纠正措施
操作期间，低压侧的压力在正常和真空之间切换	● 冷却器干燥器（集成在冷凝器内）处于过饱和状态 ● 制冷系统内的湿气会在膨胀阀节流孔处冻结，阻碍制冷剂的循环 ● 系统停止后重新暖机，冰融化且暂时恢复正常操作	● 更换冷却器干燥器 ● 通过反复抽出空气，除去系统中的湿气 ● 加注适量的新制冷剂

（3）制冷不足　故障现象：制冷系统不能有效制冷（图 4-2-3、表 4-2-5）。

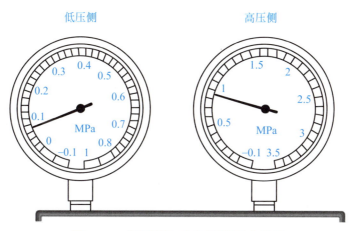

图 4-2-3　低压侧和高压侧的压力均低

表 4-2-5　故障检查

症状	可能原因	纠正措施
● 低压侧和高压侧的压力均低 ● 通过观察孔可不断地看到气泡 ● 制冷性能不足	● 制冷系统漏气 ● 制冷剂不足 ● 制冷剂泄漏	● 检查有无漏气，必要时进行维修 ● 加注适量的新制冷剂 ● 如果仪表指示压力接近于 0，则有必要在修复泄漏后抽空系统

（4）制冷剂循环不良　故障现象：制冷系统不能有效制冷（图 4-2-4、表 4-2-6）。

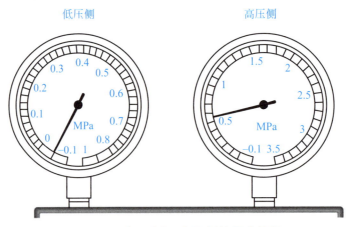

图 4-2-4　低压侧和高压侧的压力均低

表 4-2-6　故障检查

症状	可能原因	纠正措施
● 低压侧和高压侧的压力均低 ● 冷凝器至制冷装置的管道结霜	制冷剂液流被冷凝器芯管路内的灰尘堵塞	更换冷凝器

（5）制冷剂不循环　故障现象：制冷系统不工作，但有时又能工作（图 4-2-5、表 4-2-7）。

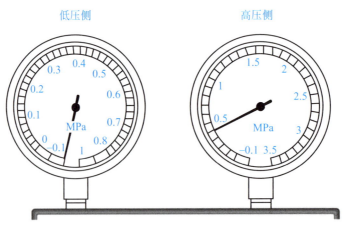

图 4-2-5　低压侧显示真空、高压侧显示压力非常低

表 4-2-7　故障检查

症状	可能原因	纠正措施
• 低压侧显示真空，高压侧显示压力非常低 • 在储液器/干燥器或膨胀阀的两侧管路上均能看到结霜或冷凝现象	• 制冷剂被制冷系统中的湿气或灰尘堵塞 • 膨胀阀内部漏气造成制冷剂流中断	• 更换冷凝器 • 排空气体并加注适量的新制冷剂 • 膨胀阀内部漏气时，更换膨胀阀

（6）制冷剂加注过量或冷凝器冷却效果不良　故障现象：制冷系统不工作（图4-2-6、表4-2-8）。

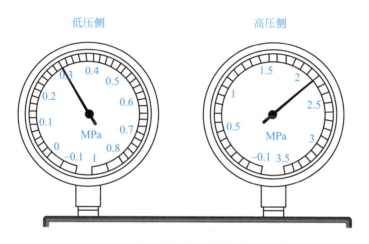

图 4-2-6　低压侧和高压侧的压力均过高

表 4-2-8　故障检查

症状	可能原因	纠正措施
• 低压侧和高压侧的压力均过高 • 即使发动机转速下降，通过观察孔也看不到气泡	• 加注了过量的制冷剂 • 冷凝器散热片堵塞，冷却效果不良	• 清洁冷凝器 • 检查冷凝器冷却风扇工作情况 • 检查制冷剂量并加注适量的制冷剂

（7）制冷系统中有空气　故障现象：制冷系统不工作（图4-2-7、表4-2-9）。

注意

打开制冷系统，在不进行抽真空操作的情况下加注制冷剂，压力表便会出现图 4-2-7 所示的指示。

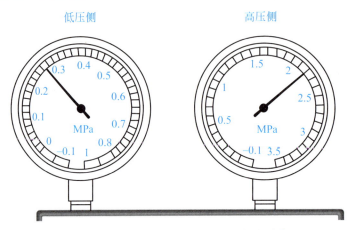

图 4-2-7　低压侧和高压侧的压力均过高

表 4-2-9　故障检查

症状	可能原因	纠正措施
● 低压侧和高压侧的压力均过高 ● 低压管路过热，不能触摸 ● 通过观察孔能看到气泡	系统中有空气	排空系统并重新加注新的或净化过的制冷剂

（8）膨胀阀故障　故障现象：制冷不足（图 4-2-8、表 4-2-10）。

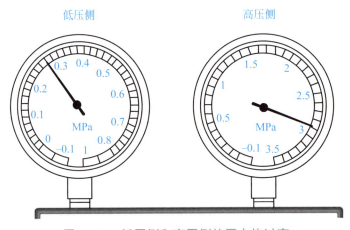

图 4-2-8　低压侧和高压侧的压力均过高

表 4-2-10　故障检查

症状	可能原因	纠正措施
● 低压侧和高压侧的压力均过高 ● 低压侧管路有霜或大量冷凝	● 在低压管路内存在过量制冷剂 ● 膨胀阀开度过大	检查膨胀阀

（9）压缩机压缩量不足　故障现象：制冷不足（图 4-2-9、表 4-2-11）。

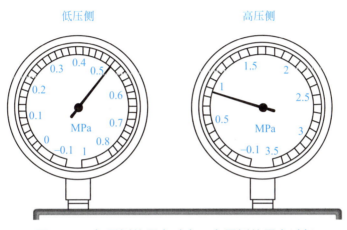

图 4-2-9　低压侧的压力过高、高压侧的压力过低

表 4-2-11　故障检查

症状	可能原因	纠正措施
低压侧的压力过高，高压侧的压力过低	● 压缩机内部泄漏，压缩能力过低 ● 阀门损坏引起泄漏，或零件断裂	更换压缩机

三、空调制冷系统控制电路故障诊断

1. 鼓风机电动机电路检查流程（图 4-2-10）

带风扇的鼓风机电动机分总成根据来自空调放大器总成的信号进行操作，根据占空比的变化传输鼓风机电动机转速信号。

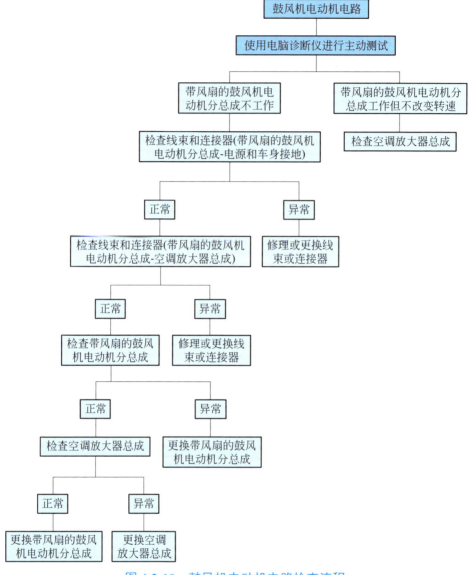

图 4-2-10　鼓风机电动机电路检查流程

2. 环境温度显示系统故障检查流程（图 4-2-11）

热敏电阻总成安装在冷却器冷凝器总成前部，检测用于控制自动空调系统的环境温度。热敏电阻总成检测环境温度波动并将其以信号的形式发送至组合仪表总成，此数据用来控制车内温度。热敏电阻总成的电阻随着环境温度改变：随着温度的降低，电阻增大；随着温度的升高，电阻减小。组合仪表总成将电压（5 V）施加到热敏电阻总成，并根据热敏电阻总成的电阻变化检测电压变化。

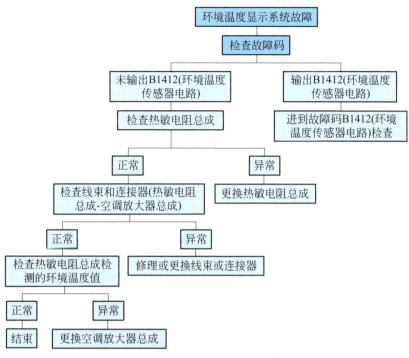

图 4-2-11　环境温度显示系统故障检查流程

3. 环保开关电路检查流程（图 4-2-12）

操作环保开关总成（电动驻车制动开关总成）时，空调放大器总成接收信号并启用或禁用空调系统的环保模式控制。

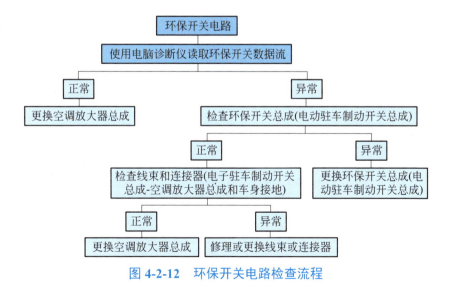

图 4-2-12　环保开关电路检查流程

4. 空调开关指示灯不亮检查流程（图 4-2-13）

导致空调开关指示灯不亮的因素：空调放大器总成故障；空调控制面板（无线电收音机和显示屏接收器总成）故障；空调控制总成故障；空调开关故障；空调开关指示灯故障（包括未操作开关且指示灯熄灭的情况）；伺服电动机初始化（未完成）；风门和风门连杆机械锁止；制冷剂压力非常低；检测到环境温度低（包括热敏电阻总成故障）。

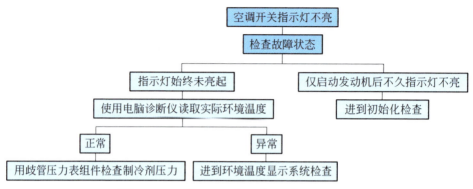

图 4-2-13　空调开关指示灯不亮检查流程

5. 车室温度传感器电路检查流程（图 4-2-14）

冷却器（车室温度传感器）热敏电阻安装在仪表板上，以检测用于控制空调系统的车内温度。冷却器（车室温度传感器）热敏电阻的阻值根据车室温度的改变而改变：随着温度的降低，电阻增大；随着温度的升高，电阻减小。空调放大器总成将电压（5V）施加到冷却器（车室温度传感器）热敏电阻，并根据冷却器（车室温度传感器）热敏阻值的阻值变化读取电压变化。车室温度传感器电阻见表 4-2-12。

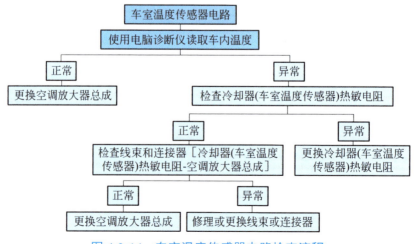

图 4-2-14　车室温度传感器电路检查流程

表 4-2-12　车室温度传感器电阻

检测仪连接	条件	规定状态
1-2 端子	10℃	3.00～3.73 kΩ
	15℃	2.45～2.88 kΩ
	20℃	1.95～2.30 kΩ
	25℃	1.60～1.80 kΩ
	30℃	1.28～1.47 kΩ
	35℃	1.00～1.22 kΩ
	40℃	0.80～1.00 kΩ
	45℃	0.65～0.85 kΩ
	50℃	0.50～0.70 kΩ
	55℃	0.44～0.60 kΩ
	60℃	0.36～0.50 kΩ

6. 环境温度传感器电路检查流程（图 4-2-15）

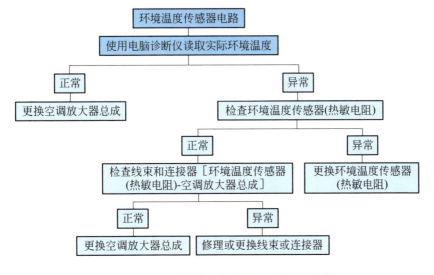

图 4-2-15　环境温度传感器电路检查流程

环境温度传感器（热敏电阻）安装在冷却器冷凝器总成前部，以检测用于控制空调系统的环境温度。此传感器连接到空调放大器总成，并检测环境温度的波动，此数据用来控制车内温度。传感器将信号发送至空调放大器总成。热敏电阻的阻值随着环境温度改变：温度降低，电阻增大；温度升高，电阻减小。空调放大器总成将电压（5 V）施加到热敏电阻，并根据热敏电阻的阻值变化读取电压变化。

7. 蒸发器温度传感器电路检查流程（图 4-2-16）

检测控制空调系统的通过蒸发器的空气温度，其将信号发送至空调放大器总成。蒸发器温度传感器的电阻根据通过蒸发器的冷却空气温度的变化而变化：随着温度的降低，电阻增大；随着温度的升高，电阻减小。空调放大器总成将电压（5V）施加到蒸发器温度传感器上，随器蒸发器温度传感器电阻的变化来读取电压的变化。该传感器用于防霜。

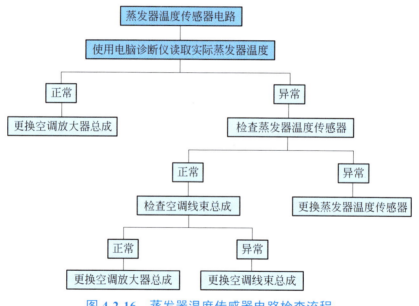

图 4-2-16　蒸发器温度传感器电路检查流程

8. 压力传感器电路开路/制冷剂压力异常检查流程（图 4-2-17）

如果高压侧制冷剂压力非常低（176kPa 或更低）或非常高（3025kPa 或更高），则存储故障码。空调压力传感器安装在高压侧管路上，以检测制冷剂压力，并将制冷剂压力信号发送到空调放大器总成。空调放大器总成根据传感器特点将该信号转换为压力值并用于控制压缩机。

第四章 扎根车间——成就"汽修工匠"

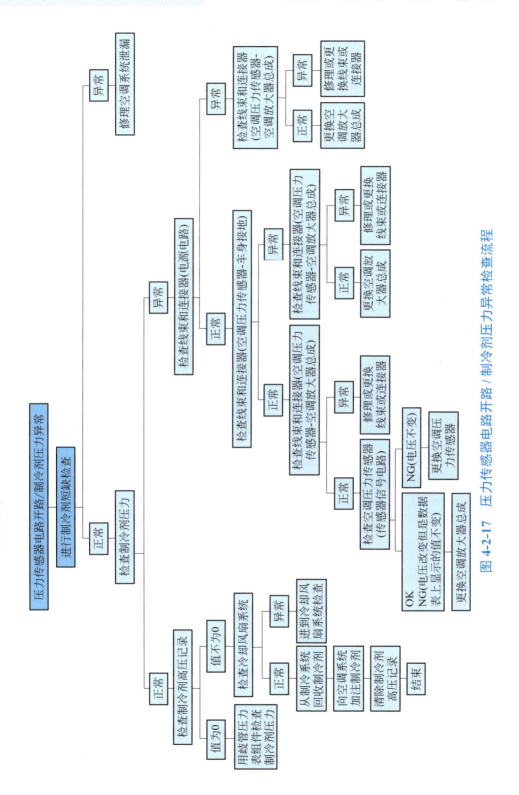

图 4-2-17 压力传感器电路开路/制冷剂压力异常检查流程

四、伺服电动机故障诊断

将连接器从再循环风门伺服电动机上断开,拆卸伺服电动机(图 4-2-18)。

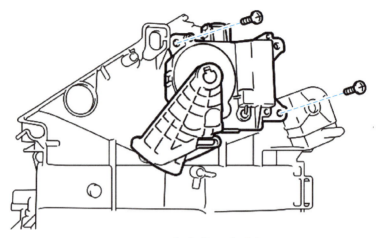

图 4-2-18　拆卸伺服电动机

将蓄电池正极(+)引线连接至端子 5,并将负极(-)引线连接至端子 2(图 4-2-19),然后检查并确认臂平顺转至"FRESH"侧(图 4-2-20)。

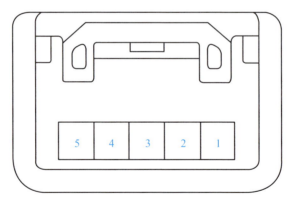

图 4-2-19　连接器

将蓄电池正极(+)引线连接至端子 5,并将负极(-)引线连接至端子 1(图 4-2-19),然后检查并确认臂平顺转至"RECIRCULATION"侧(图 4-2-20)。

如果结果不符合规定,则更换再循环风门伺服电动机。

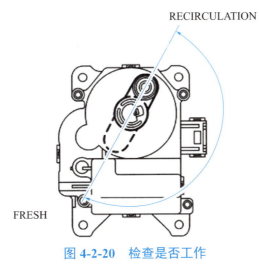

扫一扫

视频精讲

图 4-2-20　检查是否工作

五、冷凝器故障诊断

1. 检查冷却器冷凝器总成

如果冷却器冷凝器总成散热片脏污，则用水清洁并用压缩空气吹干。注意不要损坏冷却器冷凝器总成的散热片。如果冷却器冷凝器总成的散热片弯曲，则用钳子拉直。

2. 检查制冷剂是否泄漏

用卤素检漏仪检查管接头是否存在制冷剂泄漏。如果检测到接头处制冷剂泄漏，则检查该接头螺栓的拧紧力矩。

六、压缩机故障诊断

1. 检查压缩机的金属噪声

检查空调开关打开和压缩机运行时压缩机是否有金属噪声。如果有金属噪声，则更换压缩机和带轮。

2. 检查制冷剂是否泄漏

检查制冷剂是否泄漏。如果有泄漏，则更换压缩机和带轮。

3. 检查压缩机和带轮

❶ 检查压缩机和带轮的工作情况。启动发动机，检查压缩机和带轮（图 4-2-21）。

标准：压缩机轴和带轮一起转动。如果结果不符合规定，则更换压缩机和带轮。

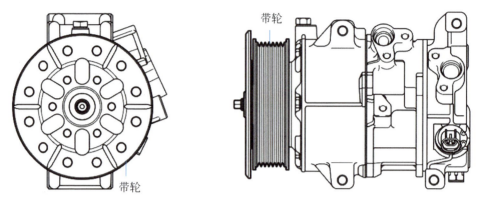

图 4-2-21　检查压缩机和带轮

❷ 检查空调压缩机电磁阀。根据表 4-2-13 中的值测量电阻。

表 4-2-13　标准电阻

检测仪连接	条件	规定状态
1-2 号端子	20℃	10～11Ω

如果电阻不符合规定，则更换压缩机和带轮。

第三节　汽车车载网络故障诊断

一、总线对正极短路故障诊断

中央网关 ECU（网络网关 ECU）的端子 23（CA1H）和 DLC3 端子 16（BAT）之间或中央网关 ECU（网络网关 ECU）的端子 8（CA1L）和 DLC3 端子 16（BAT）之间没有电阻时，CAN 总线一条线路和 +B 之间可能存在短路（图 4-3-1）。

二、总线对负极短路故障诊断

中央网关 ECU（网络网关 ECU）的端子 18（CA4H）和 17（CA4L）之间的电阻小于 54Ω 时，CAN 总线主线之间和 / 或 CAN 支线之间可能短路（图 4-3-2）。

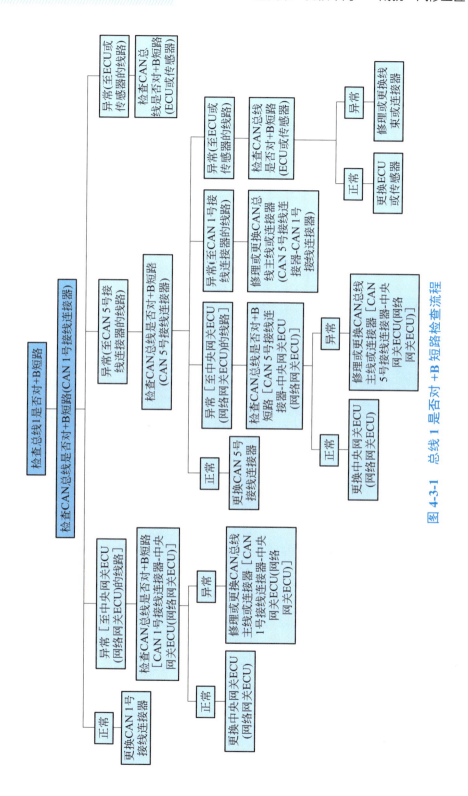

图 4-3-1 总线 1 是否对 +B 短路检查流程

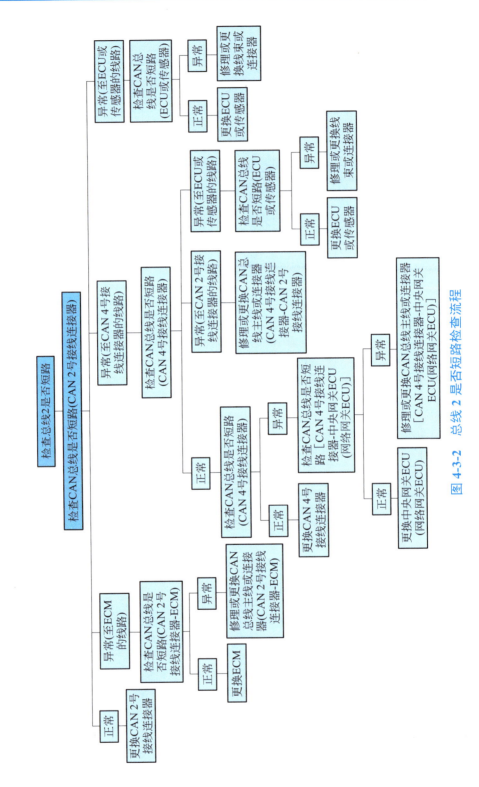

图 4-3-2 总线 2 是否短路检查流程

三、ECM 通信停止故障诊断

ECM 通信停止检查流程如图 4-3-3 所示。

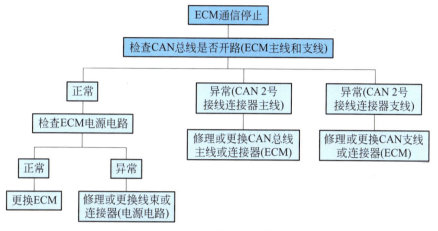

图 4-3-3　ECM 通信停止检查流程

四、组合仪表 ECU 通信停止故障诊断

组合仪表 ECU 通信停止检查流程如图 4-3-4 所示。

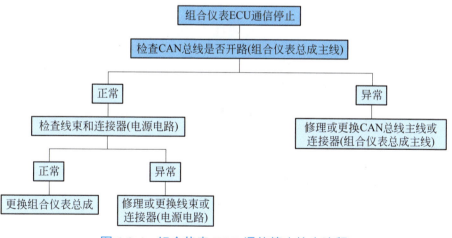

图 4-3-4　组合仪表 ECU 通信停止检查流程

五、中央空气囊传感器通信停止故障诊断

中央空气囊传感器通信停止检查流程如图 4-3-5 所示。

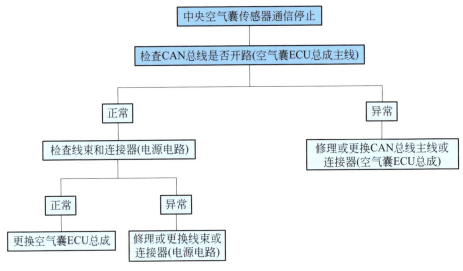

图 4-3-5　中央空气囊传感器通信停止检查流程

六、驾驶员侧车门 ECU 通信停止故障诊断

驾驶员侧车门 ECU 通信停止检查流程如图 4-3-6 所示。

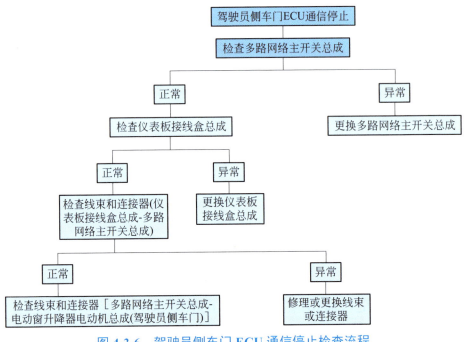

图 4-3-6　驾驶员侧车门 ECU 通信停止检查流程

七、转向锁 ECU 没有响应故障诊断

转向锁 ECU 没有响应检查流程如图 4-3-7 所示。

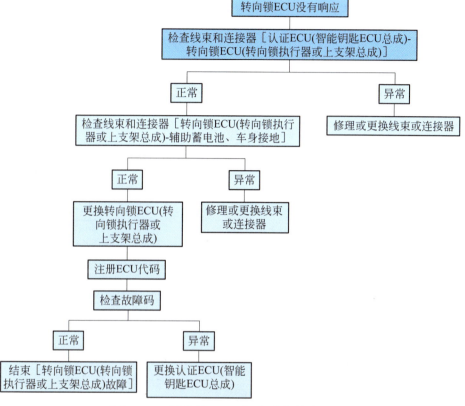

图 4-3-7　转向锁 ECU 没有响应检查流程

八、与电源控制失去通信故障诊断

与电源控制失去通信检查流程如图 4-3-8 所示。

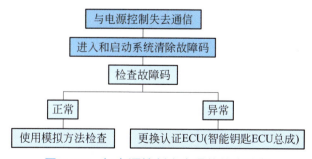

图 4-3-8　与电源控制失去通信检查流程

九、LIN 通信总线故障诊断

LIN 通信总线故障检查流程如图 4-3-9 所示。

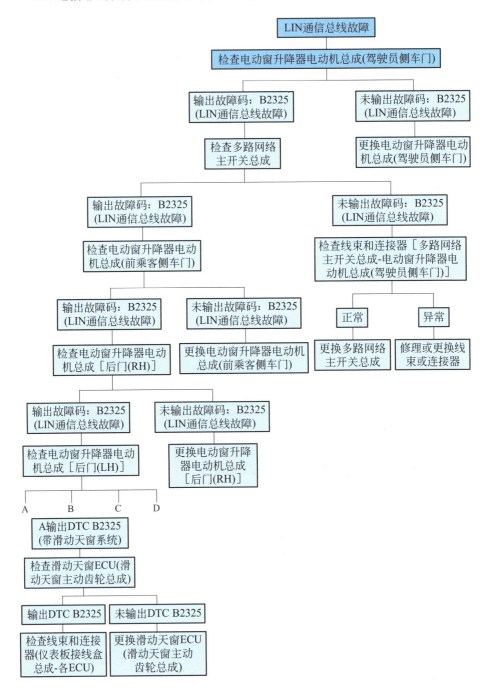

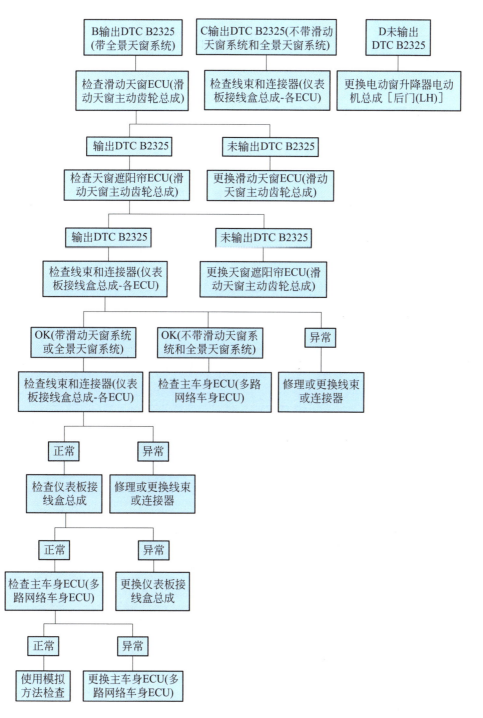

图 4-3-9　LIN 通信总线故障检查流程

第四节　汽车手动变速器故障诊断

一、手动变速器常见故障

1. 离合器故障（表 4-4-1）

表 4-4-1　离合器故障

故障现象	故障分析
离合器抖动	发动机支座（松动）
	离合器盘总成（径向跳动过大）
	离合器盘总成（油污）
	离合器盘总成（磨损）
	离合器盘扭力弹簧（损坏）
	离合器盘总成（磨光）
	膜片弹簧（顶端未对齐）
离合器踏板绵软	离合器管路（进气）
	主缸（损坏）
	分离缸活塞（损坏）
离合器异响	离合器分离轴承总成（磨损、脏污或损坏）
	离合器盘扭力弹簧（损坏）
离合器打滑	离合器踏板（自由行程失调）
	离合器盘总成（油污）
	离合器盘总成（磨损）
	膜片弹簧（损坏）
	压盘（变形）
	飞轮分总成（变形）

续表

故障现象	故障分析
离合器分离不彻底	离合器踏板（自由行程失调）
	离合器管路（进气）
	主缸（损坏）
	分离缸活塞（损坏）
	离合器盘总成（不在一直线上）
	离合器盘总成（径向跳动过大）
	离合器盘总成（衬片破裂）
	离合器盘总成（脏污或烧损）
	离合器盘总成（油污）
	离合器盘总成（缺少花键润滑脂）

2.异响（表4-4-2）

表4-4-2　异响

故障现象	故障分析
异响	油位（低）
	离合器分离轴承（磨损或损坏）
	离合器盘（磨损或损坏）
	同步器锁环（输入轴）（磨损或损坏）
	同步器锁环（输出轴）（磨损或损坏）
	齿轮（输入轴）（磨损或损坏）
	齿轮（输出轴）（磨损或损坏）
	轴承（输入轴）（磨损或损坏）
	轴承（输出轴）（磨损或损坏）
	轴承（差速器壳）（磨损或损坏）

3. 换挡困难或不能换挡（表 4-4-3）

表 4-4-3　换挡困难或不能换挡

故障现象	故障分析
换挡困难或不能换挡	用错变速器油
	离合器（拖滞）
	换挡和选挡杆总成（磨损或损坏）
	控制拉索（故障）
	换挡拨叉（磨损）
	同步器锁环（输入轴）（磨损或损坏）
	同步器锁环（输出轴）（磨损或损坏）
	换挡键弹簧（输入轴）（磨损或损坏）
	换挡键弹簧（输出轴）（磨损或损坏）
	齿轮（输入轴）（磨损或损坏）
	齿轮（输出轴）（磨损或损坏）
	接合套（输入轴）（磨损或损坏）
	接合套（输出轴）（磨损或损坏）

4. 跳挡或换挡杆移动过度（表 4-4-4）

表 4-4-4　跳挡或换挡杆移动过度

故障现象	故障分析
跳挡或换挡杆移动过度	换挡拨叉（磨损）
	接合套（输入轴）（磨损或损坏）
	接合套（输出轴）（磨损或损坏）
	齿轮（输入轴）（磨损或损坏）
	齿轮（输出轴）（磨损或损坏）
	轴承（输入轴）（磨损或损坏）
	轴承（输出轴）（磨损或损坏）
	膜片弹簧（损坏）
	压盘（变形）
	飞轮分总成（变形）

二、手动变速器的检查

1. 检查离合器盘总成

用游标卡尺测量铆钉头深度（图 4-4-1）。最小铆钉头深度：0.3mm。如有必要，更换离合器盘总成。

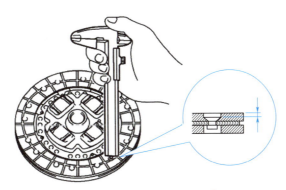

图 4-4-1　测量铆钉头深度

将离合器盘总成安装至传动桥总成。用百分表测量离合器盘总成的径向跳动（图 4-4-2）。最大径向跳动：0.8mm。如有必要，更换离合器盘总成。

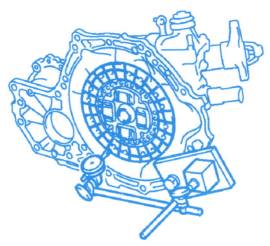

图 4-4-2　测量离合器盘总成的径向跳动

2. 检查离合器盖总成

用游标卡尺测量膜片弹簧磨损的深度和宽度（图 4-4-3）。最大深度 A 为 0.5mm；最大宽度 B 为 6.0mm。如有必要，更换离合器盖总成。

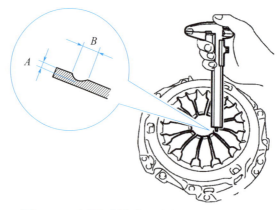

图 4-4-3　测量膜片弹簧磨损的深度和宽度

3. 检查飞轮分总成

用百分表测量飞轮分总成的径向跳动（图 4-4-4）。最大径向跳动：0.1mm。如有必要，更换飞轮分总成。

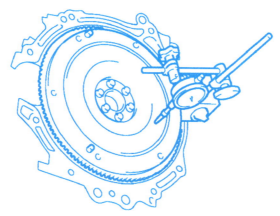

图 4-4-4　测量飞轮分总成的径向跳动

4. 检查离合器分离轴承总成

在轴向施力时，旋转离合器分离轴承总成的滑动部件（与离合器盖的接触面），检查并确认离合器分离轴承总成移动平稳且无异常阻力（图 4-4-5）。检查离合器分离轴承总成是否损坏或磨损。如有必要，更换分离轴承总成。

5. 检查同步器锁环

❶ 检查磨损和损坏情况。
❷ 在五挡齿轮锥上涂抹齿轮油。

❸将同步器锁环推向五挡齿轮锥的同时使其沿一个方向转动（图 4-4-6）。
❹检查并确认锁环锁止。如果同步器锁环未锁止，更换同步器锁环。

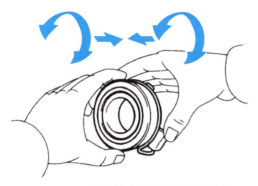

图 4-4-5　检查离合器分离轴承总成

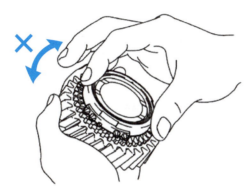

图 4-4-6　检查同步器锁环

❺用测隙规测量同步器锁环和花键齿轮端部之间的间隙（图 4-4-7）。标准间隙：0.75～1.65mm。最小间隙：0.75mm。如果间隙小于最小值，更换同步器锁环。

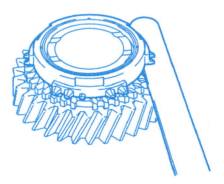

图 4-4-7　测量同步器锁环和花键齿轮端部之间的间隙

6. 检查变速器同步器接合套

检查变速器同步器接合套和变速器同步器离合器毂之间的滑动情况（图4-4-8）。检查并确认变速器同步器接合套的花键齿轮边缘未磨掉。

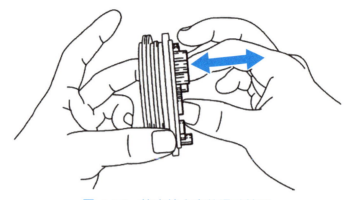

图4-4-8 检查接合套的滑动情况

用游标卡尺测量变速器同步器接合套凹槽宽度 A 和换挡拨叉卡爪厚度 B，并计算间隙（图4-4-9）。标准间隙（$A-B$）：0.3～0.5mm。如果间隙超过标准值，更换变速器接合套和换挡拨叉。

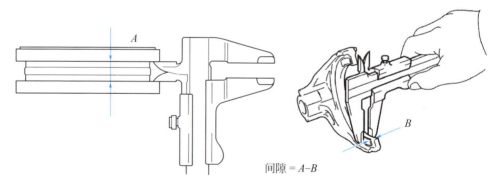

图4-4-9 测量接合套凹槽宽度和换挡拨叉卡爪厚度

7. 检查齿轮

以五挡齿轮为例。用测径规测量五挡齿轮的内径（图4-4-10）。标准内径：29.915～29.931mm。最大内径：29.931mm。如果内径超过最大值，更换五挡齿轮。

图 4-4-10　检查齿轮

第五节　汽车自动变速器故障诊断

一、自动变速器常见故障

自动变速器常见故障见表 4-5-1。

表 4-5-1　自动变速器常见故障

故障现象	故障分析
不能加挡（特定的挡位，从一挡至三挡，不能加挡）	ECM
不能加挡（三挡至四挡）	变速器控制开关电路
	ECM
不能减挡（四挡至三挡）	变速器控制开关电路
	ECM
不能减挡（特定的挡位，从三挡至一挡，不能减挡）	ECM
不能锁止或不能关闭锁止	制动灯开关电路
	发动机冷却液温度传感器电路
	ECM

续表

故障现象	故障分析
换挡点太高或太低	节气门位置传感器电路
	发动机冷却液温度传感器电路
	ECM
跳挡（换挡杆置于"3"位置时，从三挡加挡至四挡）	变速器控制开关电路
	ECM
跳挡（发动机冷机时，从三挡加挡至四挡）	发动机冷却液温度传感器电路
	ECM
接合生硬（"N"至"D"）	ECM
接合生硬（锁止）	ECM
接合生硬（任一行驶位置）	ECM
加速不良	ECM
在起步或停车时发动机失速	ECM
不能强制降挡	ECM
无法换挡	驻车挡/空挡位置开关电路
	ECM
在任何前进挡位置和倒挡位置，车辆不能移动	手动阀
	阀体总成
	行星齿轮机构
	前进挡离合器
	2号单向离合器
	倒挡离合器
	一挡和倒挡制动器
不能加挡（一挡至二挡）	阀体总成
	二挡制动器
	1号单向离合器

续表

故障现象	故障分析
不能加挡（二挡至三挡）	阀体总成
	直接挡离合器
不能减挡（四挡至三挡）	阀体总成
不能减挡（三挡至二挡）	阀体总成
不能减挡（二挡至一挡）	阀体总成
不能锁止或不能关闭锁止	换挡电磁阀 SL 电路
	阀体总成
	变矩器离合器
接合生硬（"N"至"D"）	阀体总成
	前进挡离合器
	2 号单向离合器
接合生硬（"N"至"R"）	C3 蓄压器
	阀体总成
	倒挡离合器
	一挡和倒挡制动器
接合生硬（锁止）	阀体总成
	变矩器离合器
接合生硬（一挡至二挡）	B2 蓄压器
	阀体总成
	二挡制动器
	1 号单向离合器
接合生硬（二挡至三挡）	C2 蓄压器
	阀体总成
	直接挡离合器
接合生硬（三挡至四挡）	换挡电磁阀 ST
	阀体总成
	超速挡和二挡制动器

续表

故障现象	故障分析
接合生硬（四挡至三挡）	阀体总成
	换挡电磁阀 ST
接合生硬（"D" "2" "L" 位置）	换挡电磁阀 SLT 电路
	阀体总成
打滑或抖动（前进挡位置）	阀体总成
	滤油网
	变矩器离合器
	前进挡离合器
	直接挡离合器
	超速挡和二挡制动器
	二挡制动器
	1 号单向离合器
	2 号单向离合器
打滑或抖动（倒挡位置）	滤油网
	阀体总成
	倒挡离合器
	一挡和倒挡制动器
打滑或抖动（一挡）	2 号单向离合器
打滑或抖动（二挡）	二挡制动器
	1 号单向离合器
打滑或抖动（三挡）	直接挡离合器
打滑或抖动（四挡）	超速挡和二挡制动器
换挡点太高或太低	换挡电磁阀 SLT 电路
无发动机制动（一挡："L" 位置）	阀体总成
	一挡和倒挡制动器

续表

故障现象	故障分析
无发动机制动（二挡："2"位置）	阀体总成
	超速挡和二挡制动器
不能强制降挡	阀体总成
加速不良（所有位置）	换挡电磁阀 SLT 电路
	阀体总成
	变矩器离合器
起步或停车时，换挡冲击大或发动机失速	变矩器离合器
在起步或停车时发动机失速	换挡电磁阀 SL 电路

二、自动变速器挡位动态测试

注意

在 ATF（自动变速器油）的正常工作温度（50～80℃）下进行测试。

1. "D"位置测试

❶ 检查加挡操作。换挡杆置于"D"位置并完全踩下加速踏板，检查并确认一挡至二挡、二挡至三挡、三挡至四挡可加挡，且换挡点与自动换挡规范一致。

四挡加挡禁止控制：发动机冷却液温度为 60℃ 或更低，车速为 70km/h 或更低；ATF 温度为 10℃ 或更低。

四挡锁止禁止控制：踩下制动踏板；松开加速踏板；发动机冷却液温度为 60℃ 或更低。

❷ 检查是否出现换挡冲击和打滑。检查一挡至二挡、二挡至三挡和三挡至四挡加挡时的冲击和打滑。

❸ 检查是否出现异常噪声和振动。行驶时换挡杆置于"D"位置并进行一挡至二挡、二挡至三挡和三挡至四挡加挡，以及在锁止状态期间行驶时，检查是否存在异常噪声和振动。

> **注意**
>
> 必须彻底检查引起异常噪声和振动的原因，因为这可能是由于差速器、变矩器离合器等失衡造成的。

❹ 检查强制降挡操作。行驶时换挡杆置于"D"位置，检查二挡至一挡、三挡至二挡和四挡至三挡强制降挡时的车速。确认各速度都处于自动换挡规范指示的适用车速范围内。

❺ 检查强制降挡时的异常冲击和打滑。

❻ 检查锁止机构。换挡杆在"D"位置（四挡）时，以稳定的速度行驶（锁止打开）。轻踩加速踏板，检查并确认发动机转速不急剧变化。

> **注意**
>
> 如果发动机转速出现较大跳跃，则不能锁止。

2. "3"位置测试

❶ 检查加挡操作。换挡杆置于"3"位置并完全踩下加速踏板，检查并确认一挡至二挡和二挡至三挡可加挡，且换挡点与自动换挡规范一致。

> **注意**
>
> 在"3"位置时不能加挡至四挡。

❷ 检查发动机制动。在"3"位置和三挡下行驶时，松开加速踏板，并检查发动机制动效果。

❸ 在加速和减速期间，检查是否存在异常噪声，并在加挡和减挡时检查是否存在冲击。

3. "2"位置测试

❶ 检查加挡操作。换挡杆置于"2"位置并完全踩下加速踏板，检查并确认一挡至二挡可加挡，且换挡点与自动换挡规范一致。

> 💡 **注意**
>
> 在"2"位置时不能加挡至三挡并锁止。

❷ 检查发动机制动。在"2"位置和二挡下行驶时，松开加速踏板，并检查发动机制动效果。

❸ 在加速和减速期间，检查是否存在异常噪声，并在加挡和减挡时检查是否存在冲击。

4."L"位置测试

❶ 检查是否不能加挡。换挡杆置于"L"位置并完全踩下加速踏板，在"L"位置下行驶时，检查是否不能加挡至二挡。

> 💡 **注意**
>
> 在 L 位置时不能加挡至二挡并锁止。

❷ 检查发动机制动。在"L"位置下行驶时，松开加速踏板，并检查发动机制动效果。

❸ 在加速和减速期间，检查是否出现异常噪声。

5."R"位置测试

换挡杆置于"R"位置，轻踩加速踏板，并检查车辆向后移动时是否出现任何异常噪声或振动。

> 💡 **注意**
>
> 在进行上述检测前，确保检测区域无闲杂人员且畅通无阻。

6."P"位置测试

将车辆停在斜坡（大于 5°）上，换挡杆置于"P"位置后松开驻车制动器，检查并确认驻车锁爪能使车辆保持在原地。

7. 上坡 / 下坡控制功能测试

检查车辆在上坡时，是否不能加挡至四挡。检查车辆在下坡时，踩下制动器后，是否从四挡自动减挡至三挡。

三、自动变速器机械系统测试

1. 测量失速转速

该测试的目的在于通过测量"D"位置的失速转速来检查传动桥和发动机的整体性能。

> **注意**
>
> - 应在铺设完好的道路（不会打滑的路面）上进行行驶测试。
> - 在 ATF（自动变速器油）的正常工作温度（50～80℃）下进行测试。
> - 不要连续进行本测试超过 5s。
> - 为确保安全，应在能够提供良好牵引力的宽阔而空旷的平地上进行测试。
> - 本测试务必由两人一起完成，一名维修人员进行测试时，另一名维修人员应在车外观察车轮或车轮挡块的状况。

① 塞住四个车轮。
② 将智能检测仪连接到 DLC3。
③ 完全拉紧驻车制动器。
④ 左脚一直牢牢踩住制动踏板。
⑤ 启动发动机。
⑥ 换至"D"位置。用右脚将加速踏板踩到底。
⑦ 此时快速读取失速转速。失速转速：(2400±300) r/min。

失速转速异常的故障诊断见表 4-5-2。

表 4-5-2 失速转速异常的故障诊断

故障现象	故障分析
"D"位置时发动机失速转速低	● 发动机动力输出不足 ● 定子单向离合器工作异常
"D"位置时发动机失速转速高	● 管路压力过低 ● 前进挡离合器打滑 ● 2 号单向离合器工作异常 ● 液位不正确

206

提示

如果测量值比规定值低 600 r/min 或更多，则变矩器可能有故障。

2. 测量时滞

在发动机怠速运转的情况下变换换挡杆位置时，在感到冲击前将有一定的时滞，这可用于检查离合器和制动器的状态。

注意

- 在 ATF（自动变速器油）的正常工作温度（50～80℃）下进行测试。
- 两次测试之间至少要有 1min 的时间间隔。
- 进行三次测试，并测量时滞。计算这三个时滞的平均值。

❶ 将智能检测仪连接到 DLC3。
❷ 完全拉紧驻车制动器。
❸ 启动发动机并使其暖机，检查怠速转速。怠速转速：约 700r/min（在"N"位置且空调关闭）。
❹ 将换挡杆从"N"换至"D"位置。用秒表测量从切换换挡杆到感到冲击的时间间隔。时滞："N"→"D"的时间少于 1.2s。
❺ 按照同样的方法测量"N"→"R"的时滞。时滞："N"→"R"的时间少于 1.5s。

时滞比规定值长的故障诊断见表 4-5-3。

表 4-5-3　时滞比规定值长的故障诊断

故障	可能原因
"N"→"D"时滞较长	• 管路压力过低 • 前进挡离合器磨损 • 2 号单向离合器工作异常
"N"→"R"时滞较长	• 管路压力过低 • 倒挡离合器磨损 • 一挡和倒挡制动器磨损

四、自动变速器液压测试

> **注意**
>
> - 在 ATF（自动变速器油）的正常工作温度（50～80℃）下执行测试。
> - 管路压力测试务必由两人一起完成，一名维修人员进行测试时，另一名维修人员应在车外观察车轮或车轮挡块的状况。
> - 注意不要使 SST 软管妨碍排气管。
> - 本测试必须在检查和调整发动机之后进行。
> - 本测试应在空调关闭的情况下进行。
> - 失速测试时，测试的持续时间不得超过 5s。

❶ 使 ATF 达到工作温度。
❷ 拆下传动桥壳左前侧的检测螺塞并连接专用工具（图 4-5-1）。

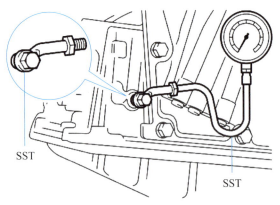

图 4-5-1　安装专用工具

❸ 完全拉紧驻车制动器并塞住四个车轮。
❹ 将智能检测仪连接到 DLC3。
❺ 启动发动机并检查急速。
❻ 用左脚踩住制动踏板并换至"D"位置。
❼ 在发动机急速运转时测量管路压力。
❽ 将加速踏板踩到底。发动机转速达到失速转速时，迅速读取最高管路压力。
❾ 用同样的方法在"R"位置进行测试。
规定压力见表 4-5-4，故障诊断见表 4-5-5。

表 4-5-4 规定压力

条件	"D" 位置	"R" 位置
怠速运转	372～412kPa	553～623kPa
失速测试	1120～1230kPa	1660～1870kPa

表 4-5-5 故障诊断

故障现象	故障分析
在所有位置压力都偏高	• 换挡电磁阀 SLT 故障 • 调压器阀故障
在所有位置压力都偏低	• 换挡电磁阀 SLT 故障 • 调压器阀故障 • 机油泵故障
仅在"D"位置压力偏低	• "D"位置油路漏油 • 前进挡离合器故障
仅在"R"位置压力偏低	• "R"位置油路漏油 • 倒挡离合器故障 • 一挡和倒挡制动器故障

第五章

不断"充电"——巩固汽车故障诊断技能

第一节 新能源纯电动汽车故障诊断

一、动力电池系统故障诊断

1. 单体欠压 1 级检查流程（图 5-1-1）

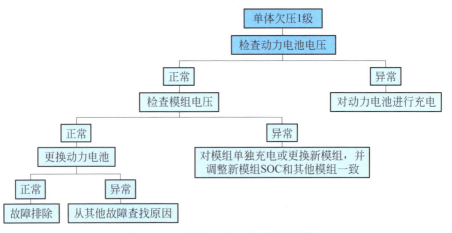

图 5-1-1　单体欠压 1 级检查流程

2. BMS 低压供电电压过低检查流程（图 5-1-2）

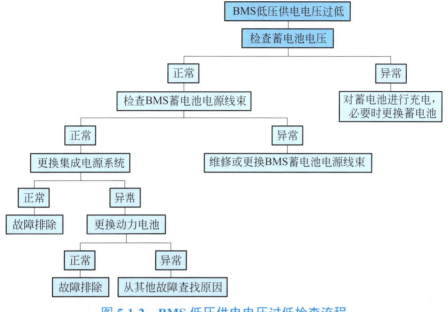

图 5-1-2　BMS 低压供电电压过低检查流程

3. 放电过流 1 级检查流程（图 5-1-3）

扫一扫

视频精讲

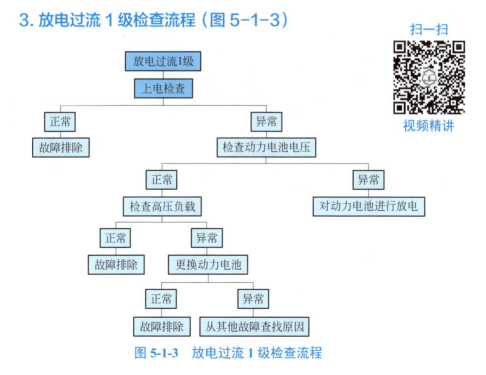

图 5-1-3　放电过流 1 级检查流程

4. BMS 主动停止充电检查流程（图 5-1-4）

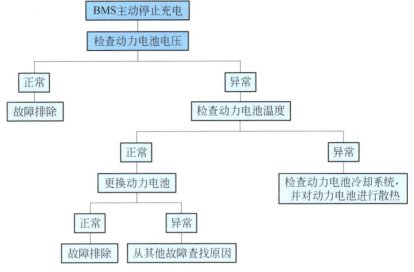

图 5-1-4　BMS 主动停止充电检查流程

5. 电池温度过高 1 级报警检查流程（图 5-1-5）

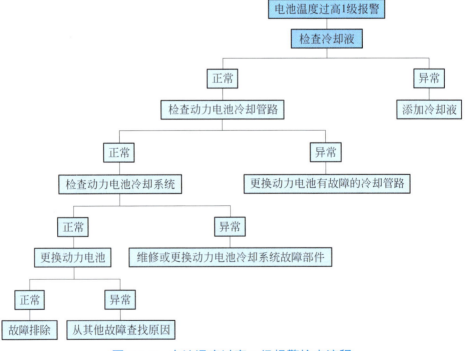

图 5-1-5　电池温度过高 1 级报警检查流程

二、电力驱动系统故障诊断

1. 电流传感器电源故障检查流程（图 5-1-6）

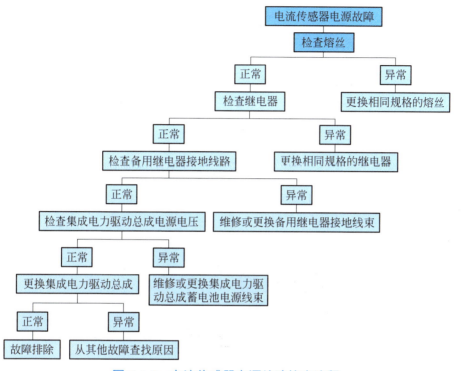

图 5-1-6　电流传感器电源故障检查流程

2. 12V 蓄电池过压检查流程（图 5-1-7）

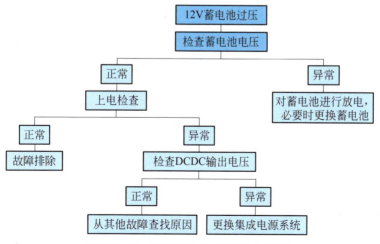

图 5-1-7　12V 蓄电池过压检查流程

3. 控制板环境温度传感器对 GND 短路检查流程（图 5-1-8）

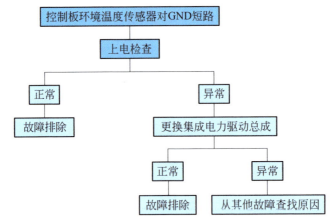

图 5-1-8　控制板环境温度传感器对 GND 短路检查流程

4. 高压互锁故障检查流程（图 5-1-9）

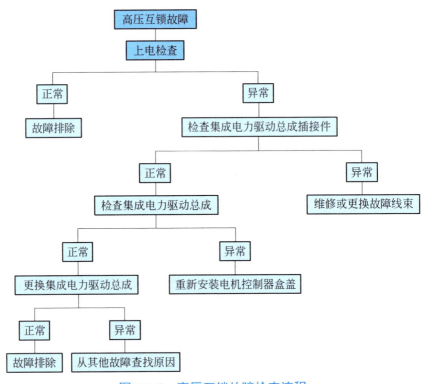

图 5-1-9　高压互锁故障检查流程

5. 电机超速检查流程（图 5-1-10）

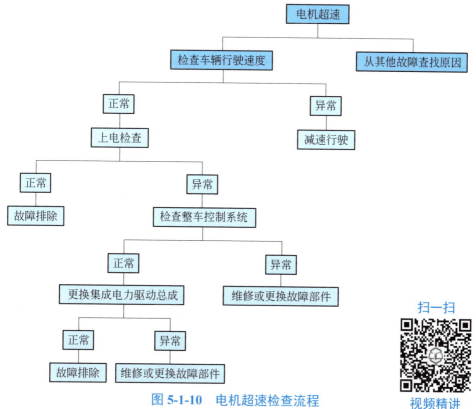

图 5-1-10　电机超速检查流程

三、充电系统故障诊断

1. 单相 AC 输入软件过压保护检查流程（图 5-1-11）

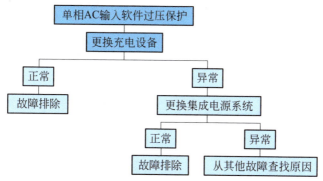

图 5-1-11　单相 AC 输入软件过压保护检查流程

2. HVDC 高压插接件异常检查流程（图 5-1-12）

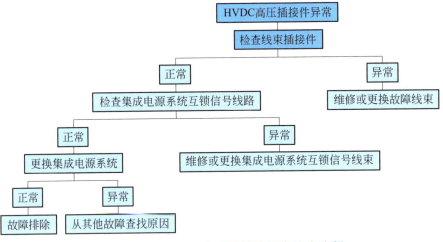

图 5-1-12　HVDC 高压插接件异常检查流程

3. DCDC 低压输出断路告警保护检查流程（图 5-1-13）

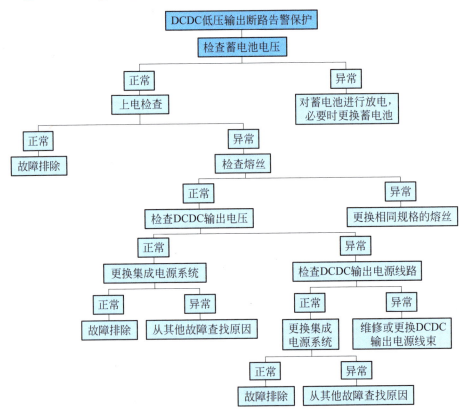

图 5-1-13　DCDC 低压输出断路告警保护检查流程

4. 充电时 AC 侧频率异常检查流程（图 5-1-14）

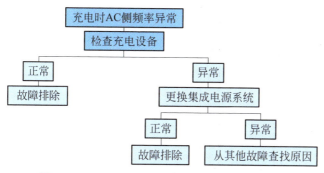

图 5-1-14　充电时 AC 侧频率异常检查流程

5. OBC 过温检查流程（图 5-1-15）

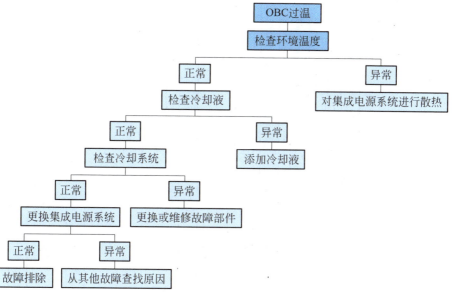

图 5-1-15　OBC 过温检查流程

第二节　新能源油电混合动力汽车故障诊断

一、高压电控系统故障诊断

1. ECM/PCM 电源继电器传感器电路间歇检查流程（图 5-2-1）

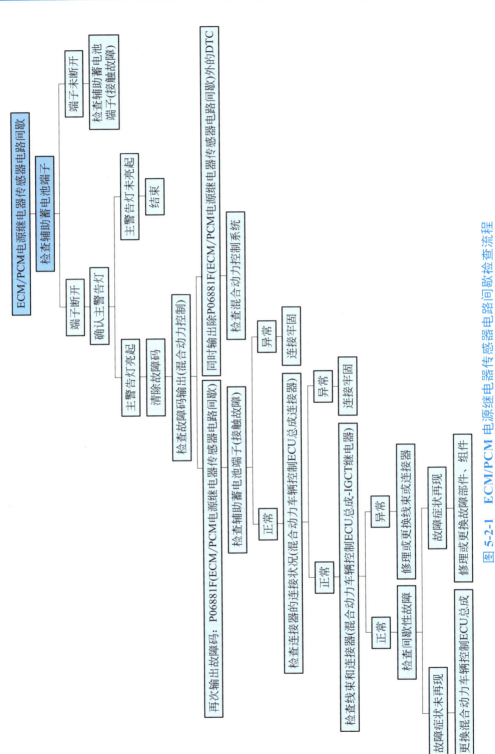

图 5-2-1 ECM/PCM 电源继电器传感器电路间歇检查流程

2. 发电机温度传感器电路对地短路检查流程（图5-2-2）

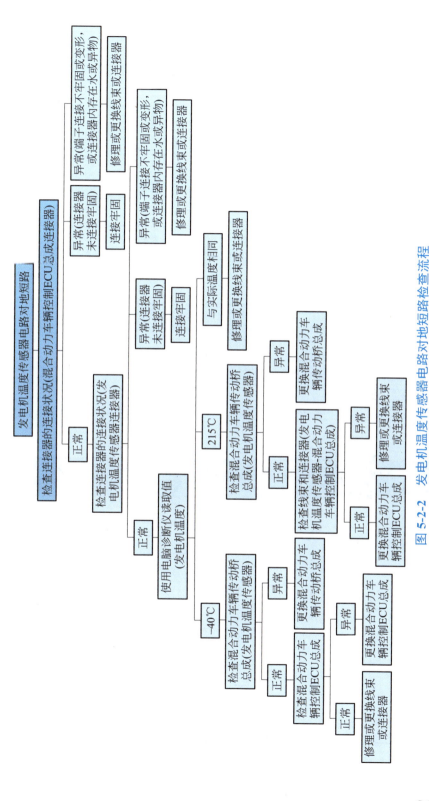

图5-2-2 发电机温度传感器电路对地短路检查流程

3. 逆变器冷却系统性能检查流程（图5-2-3）

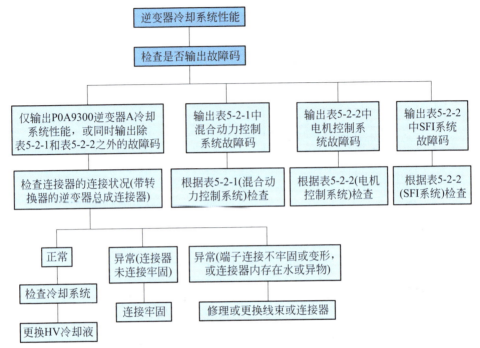

图5-2-3　逆变器冷却系统性能检查流程

表5-2-1　逆变器冷却系统性能相关故障码（一）

故障内容	系统		相关DTC
绝缘故障	混合动力控制系统	P1C7C49	混合动力/EV蓄电池电压系统绝缘（空调区域）内部电气故障
		P1C7D49	混合动力/EV蓄电池电压系统绝缘（混合动力/EV蓄电池区域）内部电子故障
		P1C7E49	混合动力/EV蓄电池电压系统绝缘（传动桥区域）内部电子故障
		P1C7F49	混合动力/EV蓄电池电压系统绝缘（直流区域）内部电子故障

表 5-2-2　逆变器冷却系统性能相关故障码（二）

故障内容	系统	相关 DTC	
传感器和执行器电路故障	混合动力控制系统	P0C7396	电机电子器件冷却液泵 A 组件内部故障
		P314A31	电机电子器件冷却液泵 A 无信号
	电机控制系统	P0A0011	电机电子器件冷却液温度传感器电路对地短路
		P0A0015	电机电子器件冷却液温度传感器电路对蓄电池短路或开路
系统故障	SFI 系统	P059F73	主动护栅空气挡板 A 执行器卡滞在关闭位置
		P05A072	主动护栅空气挡板 A 执行器卡滞在打开位置
		P05A074	主动护栅空气挡板 A 执行器打滑
		P05A211	主动护栅空气挡板 A 电路对地短路
		P05A212	主动护栅空气挡板 A 电路对蓄电池短路
		P05A213	主动护栅空气挡板 A 电路开路
		P05A27E	主动护栅空气挡板 A 执行器卡滞在打开位置
		P05A27F	主动护栅空气挡板 A 执行器卡滞在关闭位置
		P05B112	主动护栅空气挡板 B 电路对蓄电池短路
		P05B114	主动护栅空气挡板 B 电路对地短路或开路
		P05B131	主动护栅空气挡板 B 无信号
		U028487	与主动护栅空气挡板模块 A 丢失信息失去通信

4. 系统电压（BATT）电路对地短路或开路检查流程（图 5-2-4）

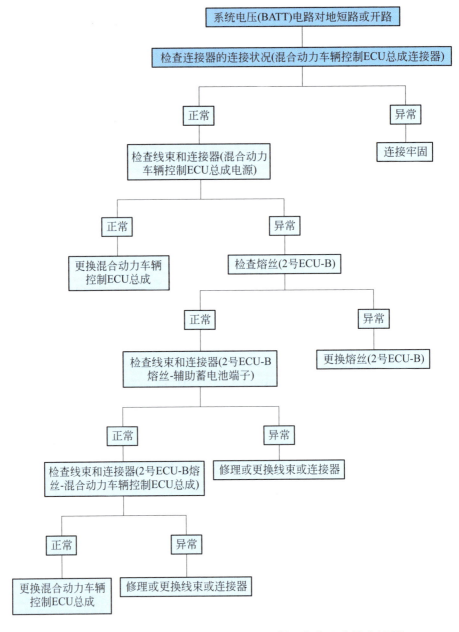

图 5-2-4　系统电压（BATT）电路对地短路或开路检查流程

5. 电机高压电路检查流程（图 5-2-5）

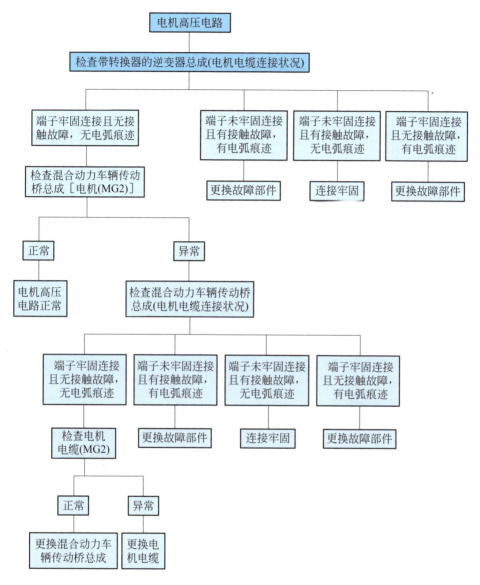

图 5-2-5　电机高压电路检查流程

二、动力电池系统故障诊断

1. HV 蓄电池高压电路检查流程（图 5-2-6）

223

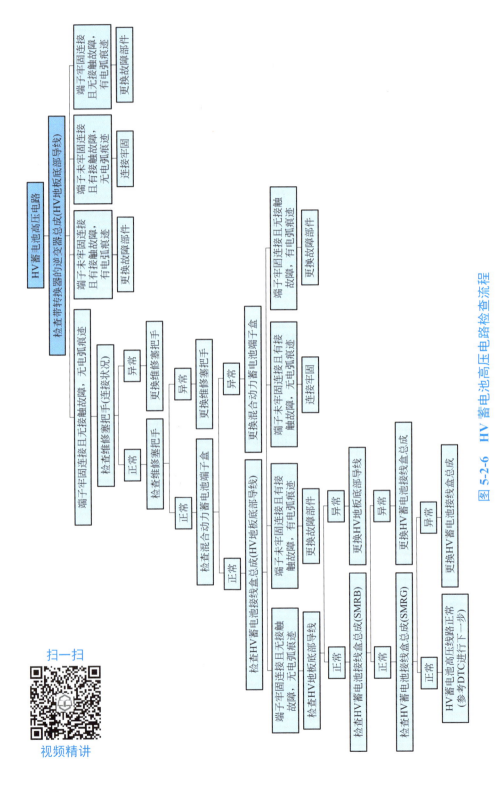

图 5-2-6 HV 蓄电池高压电路检查流程

2. EV 蓄电池温度传感器电路对地短路检查流程（图 5-2-7）

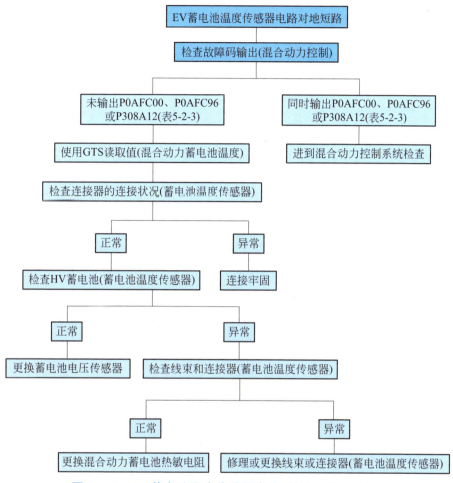

图 5-2-7　EV 蓄电池温度传感器电路对地短路检查流程

表 5-2-3　短路 / 开路故障码

DTC	检测项目	DTC 检测条件	故障部位	MIL	警告指示
P0A9B11	混合动力 / EV 蓄电池温度传感器 A 电路对地短路	蓄电池温度传感器故障，其输出电压低于规定值（短路）且检测到的温度高于规定值（单程检测逻辑）	● 蓄电池电压传感器 ● 混合动力蓄电池热敏电阻 ● 线束或连接器	亮起	主警告灯；亮起

225

续表

DTC	检测项目	DTC 检测条件	故障部位	MIL	警告指示
P0A9B15	混合动力/EV 蓄电池温度传感器 A 电路对辅助蓄电池短路或开路	蓄电池温度传感器故障，其输出电压高于规定值（对 +B 短路或开路）且检测到的温度低于规定值（单程检测逻辑）	●蓄电池电压传感器 ●混合动力蓄电池热敏电阻 ●线束或连接器	亮起	主警告灯；亮起
P0AC511	混合动力/EV 蓄电池温度传感器 B 电路对地短路	蓄电池温度传感器故障，其输出电压低于规定值（短路）且检测到的温度高于规定值（单程检测逻辑）	●蓄电池电压传感器 ●混合动力蓄电池热敏电阻 ●线束或连接器	亮起	主警告灯；亮起
P0AC515	混合动力/EV 蓄电池温度传感器 B 电路对辅助蓄电池短路或开路	蓄电池温度传感器故障，其输出电压高于规定值（对 +B 短路或开路）且检测到的温度低于规定值（单程检测逻辑）	●蓄电池电压传感器 ●混合动力蓄电池热敏电阻 ●线束或连接器	亮起	主警告灯；亮起
P0ACA11	混合动力/EV 蓄电池温度传感器 C 电路对地短路	蓄电池温度传感器故障，其输出电压低于规定值（短路）且检测到的温度高于规定值（单程检测逻辑）	●蓄电池电压传感器 ●混合动力蓄电池热敏电阻 ●线束或连接器	亮起	主警告灯；亮起

续表

DTC	检测项目	DTC 检测条件	故障部位	MIL	警告指示
P0ACA15	混合动力/EV 蓄电池温度传感器 C 电路对辅助蓄电池短路或开路	蓄电池温度传感器故障，其输出电压高于规定值（对+B短路或开路）且检测到的温度低于规定值（单程检测逻辑）	● 蓄电池电压传感器 ● 混合动力蓄电池热敏电阻 ● 线束或连接器	亮起	主警告灯；亮起

3. EV 蓄电池冷却风扇电路对辅助蓄电池短路或开路检查流程（图 5-2-8）

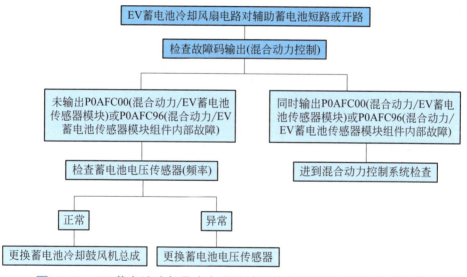

图 5-2-8　EV 蓄电池冷却风扇电路对辅助蓄电池短路或开路检查流程

4. EV 蓄电池单元 1 电压差超出范围检查流程（图 5-2-9）

P0AFC00：混合动力/EV 蓄电池传感器模块。

P0AFC96：混合动力/EV 蓄电池传感器模块组件内部故障。

P308A12：混合动力/EV 蓄电池电压传感器所有电路对辅助蓄电池短路。

P0AFC62：混合动力/EV 蓄电池传感器模块信号比较故障。

P1CFD1E：混合动力蓄电池单元 1～11 电压。

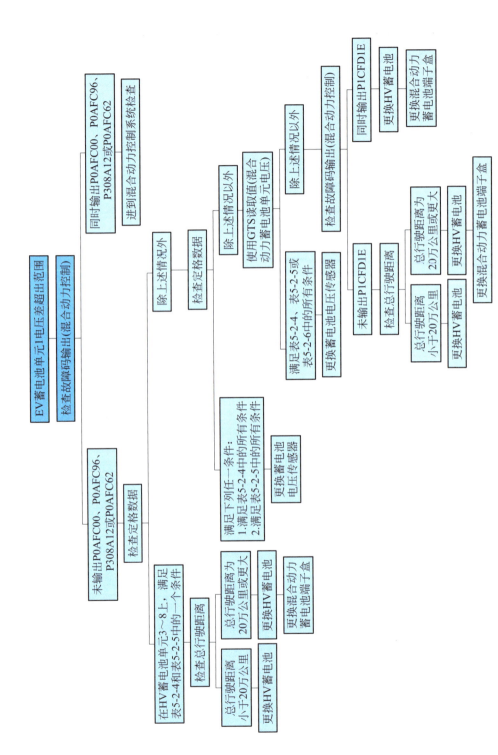

图 5-2-9　EV 蓄电池单元 1 电压差超出范围检查流程

表 5-2-4　条件（一）

电器 A 蓄电池单元	电路 B 蓄电池单元	电路 C 蓄电池单元	条件
混合动力蓄电池单元 1 电压	混合动力蓄电池单元 2 电压	混合动力蓄电池单元 3 电压	与混合动力蓄电池单元 1 电压相比，混合动力蓄电池单元 2 电压和混合动力蓄电池单元 3 电压发生波动
混合动力蓄电池单元 10 电压	混合动力蓄电池单元 9 电压	混合动力蓄电池单元 8 电压	与混合动力蓄电池单元 10 电压相比，混合动力蓄电池单元 8 电压和混合动力蓄电池单元 9 电压发生波动

表 5-2-5　条件（二）

电器 A 蓄电池单元	电路 B 蓄电池单元	电路 C 蓄电池单元	条件
混合动力蓄电池单元 1 电压	混合动力蓄电池单元 2 电压	混合动力蓄电池单元 3 电压	与混合动力蓄电池单元 2 电压相比，混合动力蓄电池单元 1 电压和混合动力蓄电池单元 3 电压发生波动
混合动力蓄电池单元 10 电压	混合动力蓄电池单元 9 电压	混合动力蓄电池单元 8 电压	与混合动力蓄电池单元 9 电压相比，混合动力蓄电池单元 8 电压和混合动力蓄电池单元 10 电压发生波动

表 5-2-6　条件（三）

电器 A 蓄电池单元	电路 B 蓄电池单元	电路 C 蓄电池单元	条件
混合动力蓄电池单元 1 电压	混合动力蓄电池单元 2 电压	混合动力蓄电池单元 3 电压	与混合动力蓄电池单元 3 电压相比，混合动力蓄电池单元 1 电压和混合动力蓄电池单元 2 电压发生波动
混合动力蓄电池单元 10 电压	混合动力蓄电池单元 9 电压	混合动力蓄电池单元 8 电压	与混合动力蓄电池单元 8 电压相比，混合动力蓄电池单元 9 电压和混合动力蓄电池单元 10 电压发生波动

5. EV 蓄电池传感器模块组件内部故障检查流程（图 5-2-10）

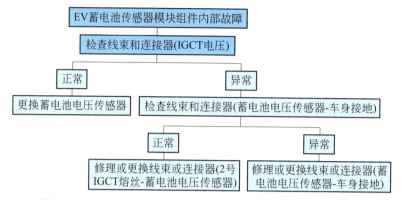

图 5-2-10　EV 蓄电池传感器模块组件内部故障检查流程

三、电力驱动系统故障诊断

1. 变速器油温度传感器电路对地短路检查流程（图 5-2-11）

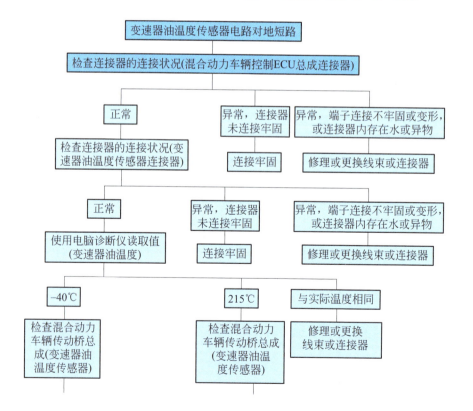

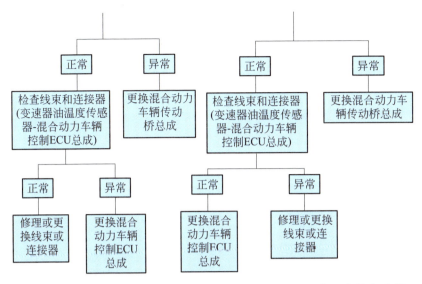

图 5-2-11 变速器油温度传感器电路对地短路检查流程

2. 变速器机械联动装置故障检查流程（图 5-2-12）

P033511：曲轴位置传感器 A 电路对地短路。

P033515：曲轴位置传感器 A 电路对蓄电池短路或开路。

P03352A：曲轴位置传感器 A 信号卡滞。

P033531：曲轴位置传感器 A 无信号。

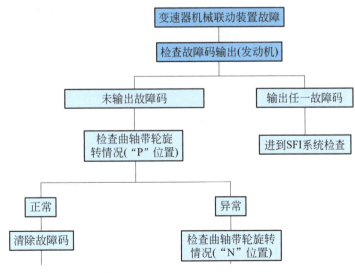

图 5-2-12

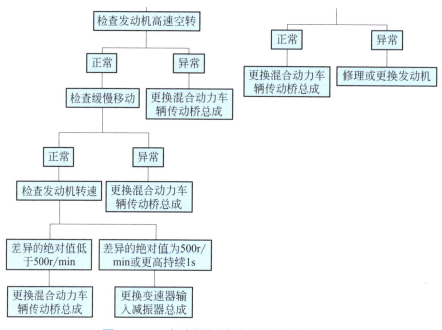

图 5-2-12 变速器机械联动装置故障检查流程

3. 电动机解析器电路检查流程（图 5-2-13）

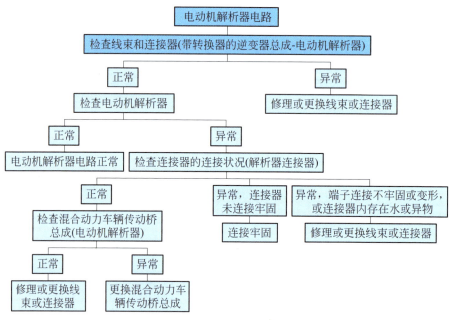

图 5-2-13 电动机解析器电路检查流程

4. 发电机解析器电路检查流程（图5-2-14）

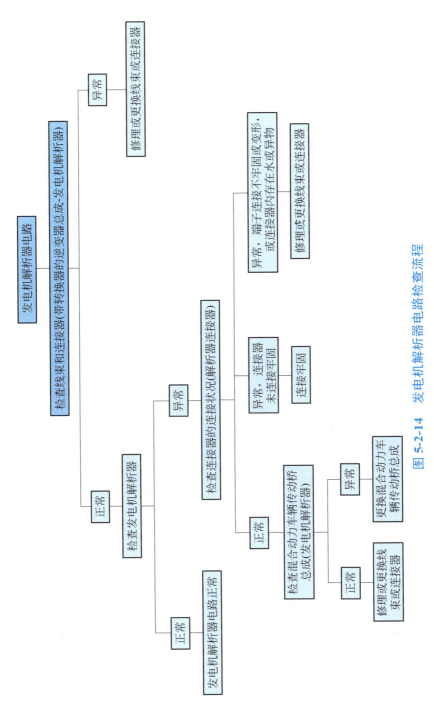

图5-2-14 发电机解析器电路检查流程

5. 变速器控制开关电路检查流程（图 5-2-15）

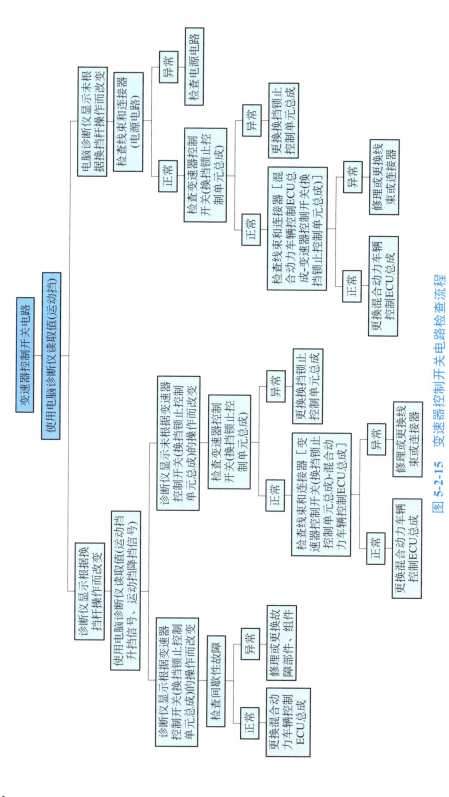

图 5-2-15 变速器控制开关电路检查流程

第三节　新能源汽车电动空调故障诊断

1. 系统电源电压过低检查流程（图 5-3-1）

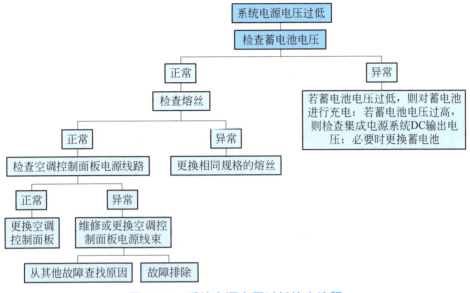

图 5-3-1　系统电源电压过低检查流程

2. 跛行状态检查流程（图 5-3-2）

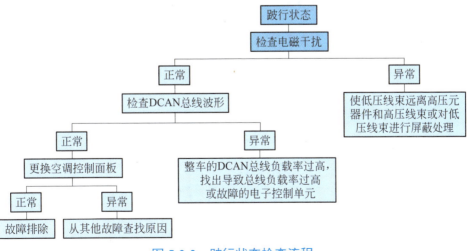

图 5-3-2　跛行状态检查流程

3. 与BCM失去通信检查流程（图5-3-3）

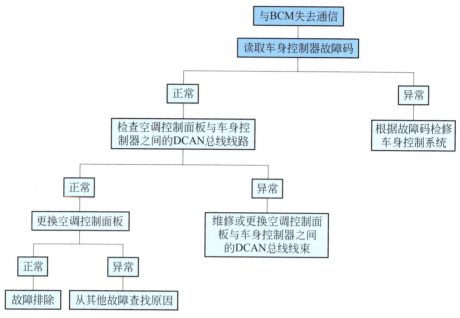

图5-3-3　与BCM失去通信检查流程

4. 压缩机电流异常检查流程（图5-3-4）

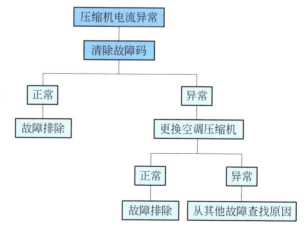

图5-3-4　压缩机电流异常检查流程

5. PTC 过热检查流程（图 5-3-5）

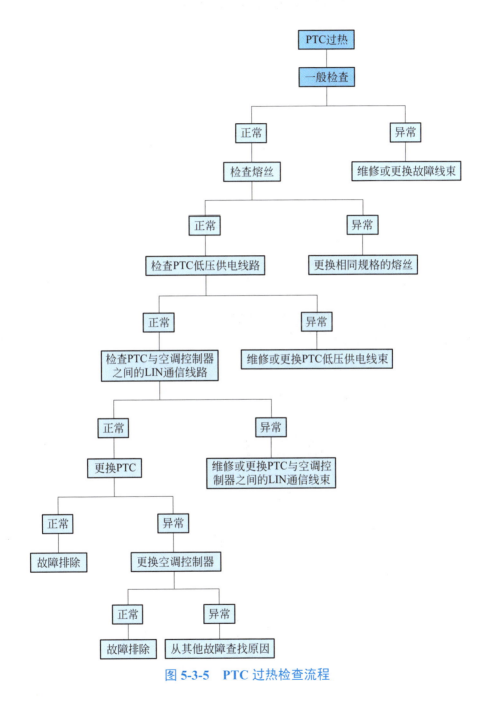

图 5-3-5　PTC 过热检查流程

第四节　智能网联汽车故障诊断

1. 碰撞预测系统 ECU 电源电路检查流程（图 5-4-1）

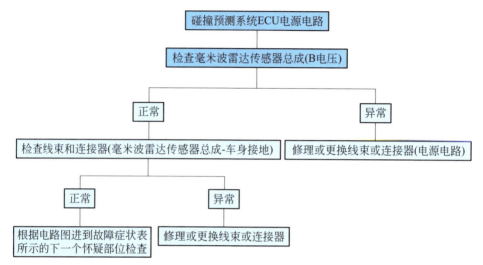

图 5-4-1　碰撞预测系统 ECU 电源电路检查流程

2. GPS 电源异常检查流程（图 5-4-2）

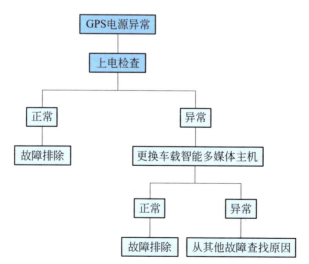

图 5-4-2　GPS 电源异常检查流程

3. GPS 天线短路到地检查流程（图 5-4-3）

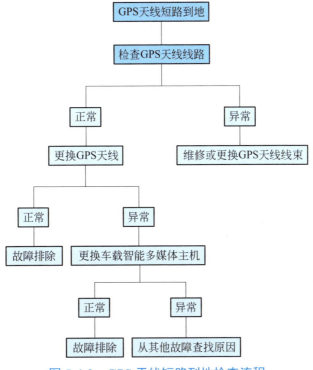

图 5-4-3　GPS 天线短路到地检查流程

4. 高清后视摄像头（有源）短路到地检查流程（图 5-4-4）

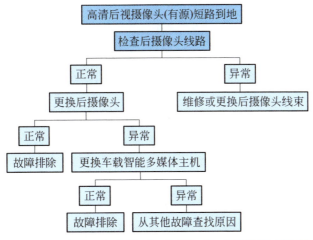

图 5-4-4　高清后视摄像头（有源）短路到地检查流程

5. 倒车雷达控制模块 CAN 总线离线检查流程（图 5-4-5）

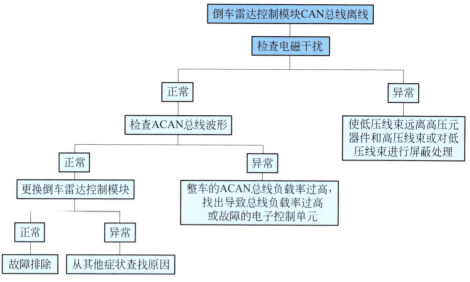

图 5-4-5　倒车雷达控制模块 CAN 总线离线检查流程

6. 倒车雷达后右侧传感器故障检查流程（图 5-4-6）

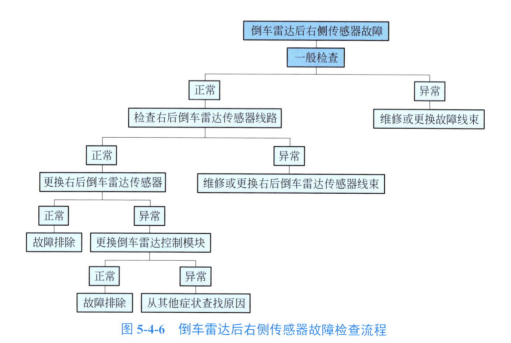

图 5-4-6　倒车雷达后右侧传感器故障检查流程

7. 手机无线充电系统温度过高检查流程（图5-4-7）

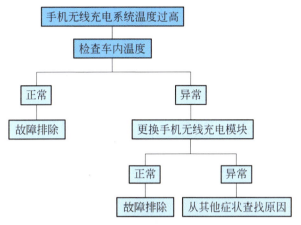

图 5-4-7　手机无线充电系统温度过高检查流程

8. 手机无线充电系统节点离线检查流程（图5-4-8）

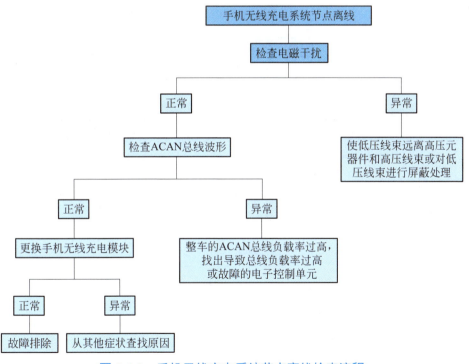

图 5-4-8　手机无线充电系统节点离线检查流程

9. 4G 模块电压异常检查流程（图 5-4-9）

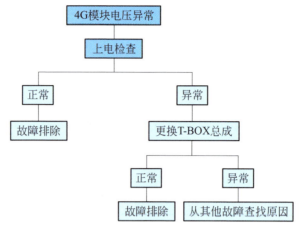

图 5-4-9　4G 模块电压异常检查流程

10. 4G 模块主天线开路检查流程（图 5-4-10）

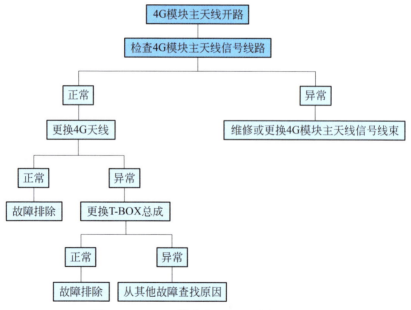

图 5-4-10　4G 模块主天线开路检查流程

参考文献

[1] 周晓飞，顾惠烽. 汽车维修快速入门一本通 [M]. 北京：化学工业出版社，2022.

[2] 郭建英，欧计均. 电动汽车故障识别·检测·拆装·诊断·排除 [M]. 北京：化学工业出版社，2022.

[3] 曹晶. 汽车车身电路（第二册）：照明及信号灯·雨刮清洗·驻车辅助·电子手刹 [M]. 北京：化学工业出版社，2022.